万建峰◎著

非常网赢

——不一样的互联网思维解读

浙江科学技术出版社

图书在版编目 (CIP) 数据

非常网赢：不一样的互联网思维解读 / 万建峰著 .
— 杭州：浙江科学技术出版社，2019.1
ISBN 978-7-5341-8234-1

Ⅰ . ①非…　Ⅱ . ①万…　Ⅲ . ①网络营销－通俗读物
Ⅳ . ① F713.365.2-49

中国版本图书馆 CIP 数据核字（2018）第 114825 号

书　　名	非常网赢——不一样的互联网思维解读		
著　　者	万建峰		
出版发行	浙江科学技术出版社		
网　　址	www.zkpress.com		
	杭州市体育场路 347 号　邮政编码：310006		
	编辑部电话：0571-85152719		
	销售部电话：0571-85062597		
	E-mail：zkpress@zkpress.com		
排　　版	杭州享尔文化创意有限公司		
印　　刷	浙江新华数码印务有限公司		
经　　销	全国各地新华书店		
开　　本	710 × 1000　1/16	**印　张**	14.75
字　　数	209 000		
版　　次	2019 年 1 月第 1 版		2019 年 1 月第 1 次印刷
书　　号	ISBN 978-7-5341-8234-1	**定　价**	58.00 元

责任编辑　詹　喜　　**责任美编**　金　晖
责任校对　赵　艳　　**责任印务**　叶文炀

目 录

第1章 不出现 = 不存在，证明你活着比活着更难

第2章 用户细节，"嘘嘘"也能产生商机

第3章 互联网免费的背后，居然是盈利

第4章 简约≠简单，做减法是一种能力

第5章 极致，“Wow”+“Now”

第1章

不出现 = 不存在，证明你活着比活着更难

“酒香不怕巷子深”“是金子总会发光”，只要产品好，不怕卖不掉。这个观点在当前市场环境中还正确吗？

到底是千里马更重要，还是伯乐更重要？

到底是产品质量更重要，还是推广宣传更重要？

在当前这个时代，证明你优秀不难，但证明你存在却很难！

第一节　蚂蚁和包子：蚂蚁能不能卖得比包子还好

有人需要的蚂蚁为什么没有人卖呢

很多人都有蹲在路边看蚂蚁搬家、觅食的童年回忆，尤其是观察蚁后、工蚁等不同分工情况更是有趣，这样的观察能很好地满足我们童年的好奇心。

商品是用以交换的劳动产品，即可以交换或者换钱的物品。从概念上看，"随处可见"的蚂蚁似乎只能用于观赏，不能成为商品。多年前确实没有人想过（也没必要）把蚂蚁作为商品销售，让用户用来观察和满足好奇心。

随着城市化的不断推进，即便孩子们对于蚂蚁仍有很强的好奇心，但城市儿童连接触泥土的机会都很少。如果花一点钱，能让孩子观察蚂蚁的工作和生活，很多家长还是愿意的。但是蚂蚁在很长的一段时间内依然没有成为商品，现在销售蚂蚁的实体店铺依然非常少，甚至根本找不到。

市场上有蚂蚁的需求，却没有商家售卖，这是为什么？

卖包子，只能 1 公里；卖虫子，1 公里都不行

代表传统商业的包子的销售，有以下几个特点：

（1）你愿意跑多远到一家包子店买包子？事实上，一家包子店的销售半径不会超过 1 公里（即"社区"）。这说明传统的店铺销售商品一定会受空间的限制，所受空间限制的范围称为销售半径。

（2）如果你半夜去买包子，包子店是关门的，这就是时间限制。

即传统的商业一旦选择一个物理位置开店，便会受到两大限制：时间和空间的限制。

实体店：虫子肯定卖不过包子

如果开一家实体店，专门销售蚂蚁，可行吗？

传统商业要选址，需将店开在繁华的街道或者人流密集的居住区，因为这两种位置能够带来大量的天然流量，当然传统店铺也为此支付了高昂的租金成本。假设在马路边的包子店旁开一家蚂蚁店，两家店经营面积一样，雇佣的员工一样，大致经营成本是一样的。在同一条街道上，经过两家店铺的人流量是相等的，那么进入包子店的人多还是进入蚂蚁店的人多？

答案是进入包子店的人多，因为在一定的时间和空间里（传统商业的两大限制），用户对包子的需求比例较对蚂蚁的需求比例高得多。同一群人中，人们对蚂蚁需求比例很低，甚至为零。

可见包子店存活下来的原因是它依靠着地理位置带来人流量，而这些流量对于包子这种大众产品的需求比例比较高，能够带来大量的销售额和利润（尽管一个包子的利润不太高）。所以，传统店铺对于商品的选择，最好的就是大众商品。

而蚂蚁店依靠这个位置带来的天然流量活不下去，因为这些流量对于蚂蚁这种“个性商品”的需求比例太低了，低到偶尔几个购买者带来的利润还不够支撑整个开店成本，所以这个生意通过传统开店的方式没法经营下去。

网店：蚂蚁不仅是商品，还是一门生意

如果有一种力量，让蚂蚁店所在城市中需要蚂蚁的人都能找到这家蚂蚁店，

那么这家蚂蚁店有没有可能经营下去？

如果我国需要买蚂蚁的人都有机会找到这家蚂蚁店，那么这家店有没有可能出现逆袭？

这是有可能的。

目前蚂蚁已经成为商品，主要在线上销售，主要消费者是儿童，家长购买此类生态产品满足孩子们的好奇心，培养孩子的观察力，在特定的时间段比如儿童节更是线上销售的爆款产品。

卖家们精心设计了蚂蚁的巢穴，采用了透明的箱体和透明的填充物，以便孩子们观察全貌，并赋予了产品一个特别亲切的名字——蚂蚁工坊。

那么蚂蚁值多少钱呢？到底是卖蚂蚁更赚钱还是卖包子更赚钱呢？

对于价格，我在课堂上做过调查，一个蚂蚁工坊（含活体蚂蚁）生态玩具到底值多少钱？

现场有人出价 1 元，也有人出价 200 元，价格差距很大。当然也有人说，不需要，因为根本用不上！同时，大家对包子的价格判断基本一致，那就是一个大肉包价格为 2 元左右。

就是说，认为蚂蚁有用的人才会出价购买，而认为非常有用的人，价格高一点，甚至很高的情况下，他也愿意购买。这部分人，对于“蚂蚁”这样的个性商品的精准度是很高的。

由此可见，商品的价格并不能准确反映商品的价值，但是当商品或者服务满足用户需求的精准度越高时，用户对该商品或服务的价格敏感度就越低。简单来说，就是精准度越高，价格敏感度越低。

而实际在互联网上，蚂蚁也有标准价格，根据品种和型号折算，基本每只 1~3 元。尽管价格和包子接近，但卖掉一只蚂蚁的利润，远远超过卖掉一只个子的利润。传统商业能把蚂蚁卖掉，的确不是一件容易的事情，不过互联网却轻松做到了。

通过案例对比我们发现，蚂蚁店主开实体店盈利超不过包子店，而通过另一种方式就超过了包子店，请问中间发生了什么根本性的变化？

原因是后者的销售模式有效突破了时间和空间的限制：当一个商品的销售有机会摆脱时间和空间的限制，这个商品的本身就发生了质的变化。

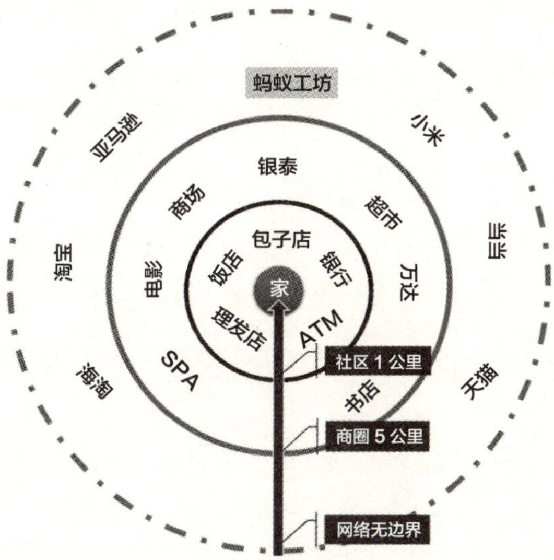

社区、商圈地图

从这张图里面，我们可以看到：在互联网出现以前，一般人群的活动范围是很小的，仅为 5 公里活动范围的商圈概念。像蚂蚁这样的商品，在传统商业的时代，是不可能出现在一个真正想要蚂蚁的人的面前（出现的方式根本不能摆脱时间和空间），直到 eBay、淘宝、京东等平台出现，用户才发现，世界上原来有那么多超乎想象的产品和服务。

《甄嬛传》的成功，说明了什么

现在这个时代的商品和服务，包括你这个人，如何存在并不重要，但如何出现至关重要。为什么呢？假设在淘宝上有一件物美价廉的商品，但是排在搜索页面的最后几页，那么这个商品就根本没有机会在消费者面前出现。反过来说，另外一件商品质量差、价格高，但是它能出现在搜索排行榜的第一页或前五位，它的销量可能会很高。因此，这个时代出现的方式决定了出现的结果。

有一位笔名为流潋紫的女教师写了一部名为《后宫·甄嬛传》的小说。该小说刚开始在网络上流行，后被出版商正式出版，再被拍成电视剧。这部小说首发于网络平台，红于网络平台，热于出版市场，最后火爆于影视市场。

其实，有太多优秀的小说因为没有正确的出现方式而被埋没了。

小结

通过互联网的工具和方法，可以让分布于世界各个角落、极具个性化的商品得以摆脱时间和空间的限制，出现在各种精准用户的面前！

不出现＝不存在，只有出现才能证明你的存在。

出现的方式决定了出现的结果，摆脱时间和空间限制的出现方式能改变商品和销售的本质。

精准度越高，用户对商品价值判断越大，对价格的敏感度越低！

第二节　线上售价为 2800 元的运动表，店铺为什么要卖 5190 元

当传统的商业受限于时间和空间的时候，商家通常会做一些大众产品来获利。大众产品的特点是能够在小范围内达到高销量，但单位利润不高，所以传统商业的盈利模式是薄利多销。

薄利多销这一盈利模式，最重要的竞争手段是价格竞争。

模拟商场场景

当你进入一家商场的时候，有没有可能发生这样的情况：你看过、问过、试过、尝过，甚至还拍了照片，但是你不购买。为什么？因为你意识到在商场里售卖的商品，你可以在各家网上商城中找到同款，并且线上的价格更便宜。这就证明了同一件商品通过不同的渠道卖给不同的顾客可以有不同的价格。

但如果把时光倒退 15 年，你在商场看中一件衣服，且有支付能力，我想大部分人是会买下来的。为什么？因为那个时候，人们没有更多的选择；或者说，选择的成本是很高的；或者说，选择的过程不能摆脱时间和空间的限制！

以我亲身购物体验为例：卡西欧 PRW–2500T–7 手表的购买价格到底应该是多少？

下页图片上显示的是卡西欧中国官网的价格，这块表在我国的销售价格是

5190 元，而在美国亚马逊网站上的价格折合成人民币是 2800 元左右。当我通过海淘（请注意，是海淘，不是代购。海淘是直接在海外网站购买，通过转运等手段运回国）购买这款表时，请问其海淘网站卖家有没有盈利？为什么我国的商场销售价格高达 5190 元？卖这么贵的根本原因仅仅是商场的场地、人员的成本吗？

模拟消费场景

这款卡西欧高端登山表，通过传统的方式把它卖掉，须达到以下条件：

首先，这款表要在一家商场上架，且被放到一个比较醒目的柜台。

其次，这家商场必须有一定知名度。这样的商场往往位于商业中心。该表要在这个商场的卡西欧专柜里默默地等待购买它的人。假设经过这个商场门口的人中，有 100 人打算购买这块表，那么他们要经过多少个环节才能买到这块表？

第一个环节：经过这个商场的门口。

第二个环节：有空闲时间和空余停车位使得经过商场的人进入商场。

第三个环节：进入商场的人经过卡西欧专柜。

第四个环节：经过这个卡西欧专柜时，停下来看一看。

第五个环节：停下来看且看到了这块表，并且表示感兴趣。

第六个环节：看到了这块表，不仅有兴趣，还得有购买能力。

销售上，通常每增加一个环节，客户数会减少 50%。99% 的用户因为没有机会“进店”而使得这款表不能在他们面前出现。那 100 位有购买需求的人经过这 6 个环节，最后有几个人可能掏钱买下这块手表呢？事实上，在 1000 人中大约只有 15 人真正实现了购买，也就是 1% ~ 2% 的购买比例，并且这个销售成功率还算比较高的。

线上的销售比例则更低，是 1‰ ~ 2‰，也就是说 1000 人里面只有 1 ~ 2 人购买。看到这个数据，大家会认为传统的商店销售指数更高。需要说明的是：到传统店铺的人数量多还是到网络店铺的人数量多？尽管网络的销售率低，但是基数还是网络更大。

以上所描绘的销售路径在现实生活中实现，即这块表在传统市场里找到一个需要并且愿意，也出得起钱购买这块表的人，是很难的（网上也不容易）。而且传统商业实现精准匹配的成本高得惊人！这个高成本表现在好地段的商业位置，舒适的购物环境，漂亮的营业员，大量的商业推广与宣传，所有这些成本的付出都是为了找到精准的用户。

传统商业把大量的金钱花费在高精准度匹配的过程上，那么它将如何消化这些成本呢？答案是这个商品的价格必须非常高，才能保证利润。这就可以解释传统商业必须把这块手表卖到高价才有可能达到利润目标，其中大量的毛利被高精准度匹配需要的成本消耗掉了。

在线上平台实现这个精准度的成本就比较低。在网络上，用户是主动检索手表的，前面高精准度匹配的过程已经省略掉了。供应商只需要让这块表存在或者出现（这个存在或出现的成本非常低），接着就能实现销量和获得利润。这样就可以解释网络上为什么卖 2800 元照样有利润的原因。

既然传统商业精准匹配的成本那么高，你可以卖一些通用性很强的大众商品，不太需要精准匹配，比如包子。这些商品基本不用宣传，用户需要的可能性很大，销售的数量也很大，但是竞争激烈，价格被牢牢锁定在成本附近，其结果是利润率很低。

在互联网环境下，只要有机会摆脱时间和空间的限制，那就会发生根本性的变化。这个变化就是你有机会和能力在大范围内将一个传统世界中比较小众的产品实现非常高的销量。在互联网上这种产品被称为**窄众商品**。

这种商品既不是大众商品也不是小众商品，因为在互联网上这种商品混合了大众产品的高销量，也保持了小众产品的人群低比例，但是又能在大范围内得以销售。所以这种产品最后的获利情况就变得和传统方式完全不同，被称为厚利多销。传统行业中有很多产品可以具备这样的特征，这便是广受中产阶级欢迎的奢侈品。

奢侈品是在全球范围销售的，相关公司每年的收入都很高，但是购买奢侈品的人群比例却很低（部分奢侈品从不打折，过季的产品直接销毁而不是打折销售）。

事实上，你会发现网络上有很多爆款商品也实现了这个目标。爆款商品在网络上销量极大，但是在现实中却算不上流行。这也是所谓的窄众商品。

最近10年,钻石行业也引来了这样的互联网挑战者。比如钻石小鸟（www.zbird.com）。不同于传统厂商租用位置极好的商场的柜台来获取精准用户，其采用的是网络传播、线下看样的模式。有意思的是，线下的门店不在商场，而是在写字楼，做到了大范围的传播，低成本的精准匹配，以至于钻石小鸟的钻石价格，往往能低至5～7折，加上灵活的销售策略，比如销售裸钻、自由搭配戒托，因此受到了年轻客户的追捧。

手表和钻石的案例说明：出现方式决定了出现的结果。

小结

传统商业受到时间和空间的限制。

精准度高的商品不容易通过传统渠道销售。

传统商业实现高精准度匹配的成本是极高的。

大家经常去超市购物，超市在商品布局方面有几点值得大家关注：

（1）暖色外墙召唤你走进，冷色内饰让你多停留。

（2）回型通道：你会条件反射般绕进去。

（3）香气扑鼻的面包房总在入口处。

（4）生鲜食品在最里面，吸引你穿过整个超市。

（5）畅销品在你视平线上，优惠品在通道末端。

（6）在收银台旁的货品利润最高。

（7）播放舒缓的音乐。

超市对于商品的布局是煞费苦心的，反映出不同品种的商品用不同的方式出现在你的面前。比如畅销品放在视平线上。一般来说，中间货架（即与视线平齐的地方）的商品最具盈利价值，其次是视线以下的货架。

要探究其中原因，还得把这个问题置于一定的场景里面：你去超市买东西，中间层的商品，你一眼就可以看到。若将商品放得太高，你可能会由于身高原因够不到。而下层货架的商品，你肯定能拿到。（还记得每增加一个环节，用户就会减少一半吗？）

为什么超市要把畅销品放在视平线的位置？何为畅销品

超市将利润不高但最容易卖掉的大众商品放在最好的位置，可见**超市的盈利模式是薄利多销，它对利润的要求，更加趋向于通过高销售额来实现。**

超市将利润最高的商品放在收银台旁，这又是为何

不妨回想一下：收银台旁有何商品？

口香糖，电池，润喉糖，巧克力，安全套……”

讲到安全套，大家常常会想到两个品牌，那就是英国的著名品牌杜蕾斯和日本的著名品牌冈本。

杜蕾斯在全球安全套市场占有率排名第一，即杜蕾斯的销售数量远远超过冈本；而冈本也有一个第一，即它号称是世界上最薄的安全套，其中最著名的型号是冈本 001。

冈本001的销售价格特别高。通常的包装是一盒三个，售价为85 ~ 120元，平均一个冈本001安全套的价格远远超过普通品牌的安全套（杜蕾斯安全套的价格通常是每个5 ~ 10元）。

尽管冈本001非常高端，利润率很高，但在普通的大众超市是很难见到的。根本原因是找到掏钱买冈本001的人需要有很高的精准度，而这样的人群在一般超市的客户里面比例是很低的，低到超市不愿意销售冈本001，宁愿销售冈本002、003型号，因为这些型号更容易卖掉。当然，超市销售量更多的还是杜蕾斯。

通过这个案例，大家可以得出超市把这些利润高的商品放在收银台旁边的目的或原因是：超市的商品被置于再好的位置，再好的货架，再好的高度，也有可能会因为顾客不经过而没有被看到，而收银台是顾客必经之地，并且在收银台旁会停留相对久的时间。在结账的时候，顾客已经购买了必须购买的商品（往往是顾客到超市的主要目的），超市让那些原来没打算购买，但一旦看到会激发购买欲的商品出现在顾客面前，将再次激发顾客的超额购买可能。

在任何品类的商品里面总有一款品类走的是大众路线，占据了主要的市场份额，而必定有一个品牌走精准化的高端路线。

解析

薄利多销是传统商业盈利模式的主流，而超市作为传统商业的代表，首先对整体做出合理安排：让最容易被选购的产品首先出现在顾客面前，不浪费顾客的必需品购买能力；其次，在顾客必须经过的地方，提供顾客原来没想到的高利润产品，满足顾客的潜在需求，不浪费在顾客身上实现高利润的机会。

这点在任何产业中都适用！

看到这里，你不禁要问：我们能不能摆脱薄利多销的模式，而通过销售精准度很高的商品来获取很高的利润，这个模式有没有可能实现呢？在下一个章节，我们来分析亚马逊的盈利模式，大家就可以知道亚马逊采用互联网手段，摆脱了时间和空间的限制，真正实现了通过销售精准度很高的商品，来获取极高的利润。

安全套的案例说明：出现的内容决定了出现的价值，传统商业模式下的大众商品与互联网模式下的窄众商品的本质不同。

小结

传统商业受到时间和空间的限制。

精准度越高，对价值判断越大，对价格的敏感度越低。

大众商品、小众商品和窄众商品，本质在于精准度的不同。

安全套为什么总是出现在收银台边的货架上

（扫码，转到喜马拉雅 FM 收听课程语音；荔枝、蜻蜓 FM 搜索“万建峰”即可同步收听）

第三节　亚马逊的收入：不靠热门靠冷门

现在我们经常去网上书店购买图书，国外平台有亚马逊，国内平台有当当网、京东等。相比较传统书店，我对网上购书有两个体会：

如果要购买一本非常热门的大众图书，这种图书通常在实体书店有售，网上书店也有售。但是网上书店销售那些热门的、大众的畅销图书的价格通常比实体书店更便宜。

问：你会去哪里购买？

答：去网上书店购买，因为网上书店价格便宜。

如果你要购买一本专业化程度很高的图书，是从事这个行业、这个专业、这个岗位的人需看的某一本书，你会发现实体书店通常没有这样的书，而网上书店不仅有你想要的书，并且还能推荐相关图书，甚至推荐的图书远远优于你原来打算购买的那一本。不过这些专业图书往往不打折，如果看中的是某一版本的特别稀少的图书，网上书店甚至要加价销售。

问：为什么实体书店不卖专业程度很高的书？

答：因为卖不了几本，放着反而是累赘。

问：你需要的专业图书在网上书店得加价才能购买，你买吗？

答：加价也要买，因为必须得买（精准度越高，对价格敏感度越低）。

通过下页这张图，我们可以比较直观地理解这个过程。

图中，横轴为图书品种，纵轴为图书销量。图中深色头部区域代表热门的大众图书，浅色尾部区域代表冷门的专业图书。

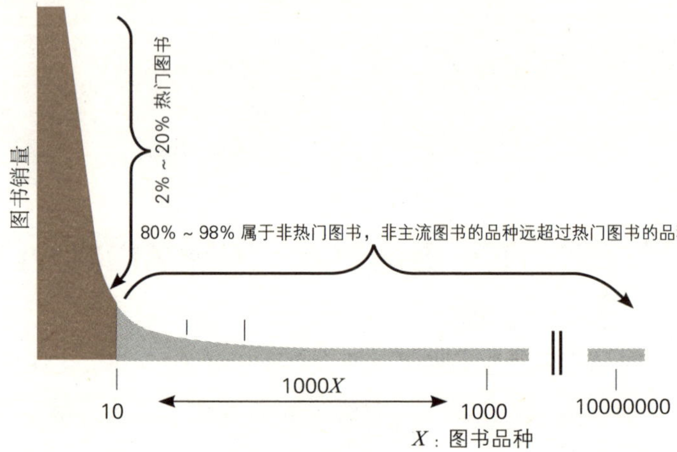

互联网长尾销售图

通过比较网上书店和实体书店的收入和盈利模式，我们就可以知道为什么这几年实体书店经营越来越困难，而网上书店却实现了快速增长。

销售额分布：

问：实体书店的销售额来自哪里？

答：来自头部的大众热门图书。因为实体书店只销售这部分图书，不可能销售那些非常个性化的图书。

问：网上书店的销售额来自哪里？

答：既来自头部的大众热门图书，也来自尾部的冷门专业图书。

利润分布：

问：实体书店的利润来自哪里？

答：来自头部的大众热门图书。因为实体书店只卖这部分图书。

问：网上书店的利润来自哪里？

答：主要来自尾部的冷门专业图书。这些图书往往不打折，利润率很高。而头部的热门图书经常打折促销，利润不多；某些热门品类因为市场竞争，还有可能亏钱。

因此，我们可以确认的是：实体书店的销售额和利润都来自深色区域，这也代表传统商业的经典盈利模式。

网上书店依靠头部的大众热门图书的折扣吸引消费者，虽然这部分的销售额很高，但是利润率很低。

尾部的个性图书虽然利润率很高，但能不能做大销售额呢？如果销售额有限，则利润较低；如果这个部分销售额能做大，那么利润就很可观了。

个性化图书最终会超过热门图书

问：尾部区域的专业冷门图书的销售额有没有可能超过头部区域的大众热门图书的销售额？

答：从互联网长尾销售图上看，求头部区域的销量与尾部区域的销量，在数学角度看来就是求它的面积（积分求面积）。

如果要让尾部面积超过头部，唯一的可能是这个尾巴变得无限长。尾巴变长意味着书的种类不断增加。图书的种类会不断增加吗？只要人类文明延续，人类生产的图书总是越来越多，所以这个尾巴变得越来越长。如果把这幅图画完整的话，这个尾巴可能延伸到无穷长！因此，浅色尾部的冷门专业图书销量总和最终会超过头部的热门图书销售总和。

从单本图书的销量来看，一本专业图书的销量不可能超过热门的畅销书，但无数种专业图书合起来的销量就可能超过“哈利·波特”系列图书了。

事实上，网上书店确实也是依靠尾部超过400万的总图书品种（加上近两年流量的电子书，这个尾部进一步延伸了），获得了大量的销售额，尽管每一本的销售量并不大。

网上书店打败实体书店的原因

问：既然尾部可以变长，那么头部深色区域会不会一直变高，或者不断变宽？为什么？

答：再热门的图书也不可能做到人手一本，即便人手一本，也有一定的总量限制，所以头部的深色区域高度不会无限变高。

其次，不可能所有图书都变成热门图书；热门图书也不可能做到永久热门，热门有可能变成冷门，冷门也可能成为热门，头部和尾部之间的界限是相对比较固定的，所以宽度和高度基本恒定，那就说明头部的热门图书的销量基本恒定。

而深色区域代表的大众图书的销售，竞争是比较激烈的，其最重要的竞争手段就是价格竞争（这也解释了网上书店对于这部分书的竞争手段就是设定比传统书店更低的价格）。这是网上书店依靠成本优势，能够打败传统实体书店的根本原因，也是实体书店目前销售不佳，门店数量逐年减少的根本原因。

问：右图横轴上的曲线跟横轴上的轴会不会相交？

答：不可能相交。图书品种的总量一定会超过实际已经产生销售的图书品种。

长尾销售简图

问：尾部目前没有产生销量的图书能不能去掉？

答：不能，因为这些图书现在没有顾客购买，不代表以后也没有顾客购买，只要我们让它有机会出现在顾客面前，它是有机会被购买的。当然，网上书店正是因为陈列这些图书基本没有成本，所以尽可能陈列更多图书品种，而暂时不用担心是否有人购买。传统实体书店也知道这些个性的专业图书有可能产生销量，但因为陈列成本较高，所以不得不舍弃这部分图书。

小结

窄众商品：大范围高销售额的小众商品，是亚马逊盈利的主要来源。
热门商品只是引流的工具，细分产品才是盈利来源。
头部用户是基础，精准用户是目标。

亚马逊盈利奥秘：不靠热门靠冷门（上）
（扫码，转到喜马拉雅 FM 收听课程语音；荔枝、蜻蜓 FM 搜索“万建峰”即可同步收听）

第四节　亚马逊的利润：不赚钱的图书很重要，不买单的人也很有价值

头部求量不求质

前面我们讨论了互联网长尾销售图尾部浅色区域的专业的个性化图书是网上书店主要的销售额和利润来源，说明了个性化专业图书对于网上书店的重要性。

那么既然深色头部区域的大众热门图书不赚钱，那么不销售这些热门图书，只销售尾部浅色区域的个性专业图书，可行吗？

答：不可行。尽管有时候热门图书利润低甚至还要赔钱，但你必须提供这些热门的大众商品，否则你将失去流量用户。

头部来的这些流量称之为“海量的头部用户”。这些用户有一个特征，用户数量大，但来人却不怎么来钱。

头部用户的需求称之为大众需求。大众需求的商品称为热门产品、大众商品。

商家在头部用户的获取上，只要求数量，而不追求精准度，不要求这部分人群具有较高消费能力，甚至仅仅围观也可以。

所以这部分流量获取的方式也是简单粗暴的，那就是“价格竞争”或者说“重金宣传”。

比如风靡全球的女性内衣品牌——维多利亚的秘密，每年举办全球内衣秀，

不惜重金打造几十万元一套的内衣，高薪聘请超模走台，吸引全球媒体广泛宣传，就是为了获取大部分女性甚至男性的注意力。尽管你在内衣秀上不可能消费，但是维多利亚的秘密却获取了大量的头部用户！

理解了这点，就不难理解"高大上"的亚马逊公司也愿意采用"低格调"的"价格战"。亚马逊网站上大众的热门图书打折力度比实体书店还要大，"赔本赚吆喝"，把你从实体书店拉到网上书店：比如你会因为希望购买便宜的《西游记》（因为你的孩子需要）而登录亚马逊网站，结果是你既购买了便宜的《西游记》，也购买了系统采用大数据向对你推荐的《时间简史》和《人类简史》，又因为好奇购买了《魔鬼经济学》。不过，亚马逊网站不会对尾部产品让价，甚至还要加钱。

这一点在淘宝网上也有体现。你会发现大量的淘宝网和天猫商城的商家都会推一款卖得好、价格低廉，但是不赚钱甚至赔钱的商品，商家就是靠这款商品吸引流量。这个爆款商品会吸引客户来到这家网店，最后客户可能没有购买这个爆款商品，而是购买了其他的、让商家有钱赚的个性化商品。

从亚马逊的案例来看，头部不赚钱的书很重要，头部不买单的人也很有价值！

尾部求准不求量

处于互联网长尾销售图中尾部浅色区域的产品称为个性化商品，同时尾部的这些流量称为"尾部精准用户"，这些用户也有一个特征：精准。这部分用户数量少，但是每个用户贡献的利润较高。一般的做法是吸引足够多的头部用户，才能转化出一部分尾部用户。

尾部产品的目标是满足用户精准的潜在需求，同时获取较好的利润。正如前面我们反复强调的：精准度越高，用户对商品的价值认可度越大，对价格的敏感度也就越低。所以个性化的商品，往往是高利润的盈利款。

因此，如果不能获取头部海量用户，则没有流量，就算有再好的产品，再好的服务，也实现不了好的利润，因为“好货”卖不掉。

实际上，这个过程也符合出现理论，即不出现 = 不存在。线上销售就是通过头部的低价热门产品，获取海量的头部用户，吸引用户上线，从而让尾部的精准高利润商品获得多次“出现”的机会。

传统商业的问题在于通过高额的流量成本（比如在昂贵的商业位置投放广告）获取了用户，有了头部的流量，却没有能力完全展示尾部的精准服务和产品（传统门店也会有一些高价值的产品和服务，但做不到全面展示，因为展示的成本太高了），浪费了用户最好的那部分价值，所以传统商业的竞争往往仅限于头部用户和产品的竞争，经营得很辛苦，但利润却很低。

也就是说，如果已经拥有了海量的头部用户，那么只需要把尾部的精准商品变得越来越多。这些商品的销售机会越多，利润就越大。

亚马逊如何拓展销售的长尾（冷门图书）

在图书销售过程中，亚马逊发现这些专业图书有较高盈利以后，就开始注重这些个性图书的供应品种。而这些品种的图书往往也是传统书商不容易卖掉的，因此亚马逊更容易获取较低的进货折扣。

在图书这个品类上，电子书是最棒的长尾品种延长。亚马逊推出了电子书和配套的 kindle 阅读器，让图书的内容进一步摆脱了时间和空间的限制。

当图书的内容传递摆脱时间和空间限制以后，更多的小众商品就有机会出现在用户的面前，而这

些小众商品如果能够募集到足够多的用户，那么它们完全可以升级到窄众商品甚至爆品。

2017 年有两本书销量惊人，分别是《人类简史》和《魔鬼经济学》。这两种图书在传统书店也能买到。像这种品类的图书如果放在传统实体书店，是不可能成为爆品的。而正因为通过互联网的方式，这两种图书在线上线下都火了。

亚马逊在图书市场获得成功以后，很快就推出了 CD 销售频道，再次构建了另外一条长尾。之后又快速推出各种频道，包含电子产品、服装、美容、家居等，全面构架各类长尾产品。当然在每条产品线上，我们都能看到“低价的大众产品 + 高价的精准商品”这个模式。

后来亚马逊开放了第三方卖家的通道，让全球供应商可以在亚马逊平台上销售产品，进一步拓展了产品的品种，而亚马逊则负责提供基础的网络服务和仓储服务，并赚取提成。

目前亚马逊代表着国际最先进的 B2C 的销售模式，并且不断提供最新的创意和方法。亚马逊建设的仓储物流系统，特别是其提供的“秒到”的送货系统，极大地刷新了快递这个行业；2016 年开始的线下亚马逊超市和亚马逊实体书店，更是刷新了传统实体店铺的经营模式。关于对这两个案例的分析，请读者到本书第 9 章和第 10 章阅读相关内容。

追溯亚马逊的历史，其成功的秘诀正是依靠具有极端竞争力折扣的大众热门图书，获取了海量的头部用户（这些用户不仅购买图书，还能成为亚马逊后续提供的各种百货商品的购买者），并且提供了传统门店所不能提供的海量品种的个性化专业图书，才有机会在那些个性化、精准度要求很高的商品上获取大量的利润。

因此，在整个商品销售中必须重视头部的商品和用户，只有重视头部的用户和商品，我们才有机会获得尾部的精准流量和盈利的机会。

海量的头部基础用户往往被称为种子用户。这些头部用户尽管不能带给商家很高的利润，但他们具有一般人所不能理解的价值。我以特朗普竞选为例进行分析。

美国总统特朗普如何利用种子用户开展性价比极高的宣传

在竞选美国总统的时候，特朗普喜欢频繁地发布极具煽动性的言论，并引发大规模的讨论。

首先，采用“大种子营销”。这个概念由微软研究院的首席研究员邓肯·沃茨提出，意为把传播信息的人看作种子，扩大种子群体来达到预期效果。

选举日之前，特朗普有1900万的Twitter粉丝，1800万的Facebook粉丝，以及将近500万的Instagram粉丝。需要注意的是，这些粉丝和传统电视媒体的观众是全然不同的，因为他们和候选人之间的连接点门槛极低。他们不仅可以即时收到特朗普发布的信息和言论，更重要的是，这种低成本的转发和分享，带给特朗普的是高价值的传播。

当然，电视和广播报道特朗普的推文时，相当于又在数百万观众中传播了信息，一些观众可能会上网去寻找并分享这些推文，这样线上线下的互补，让他的Twitter粉丝数量在竞选期间增长了一倍。而根据媒体分析机构的测算，如果把特朗普在社交媒体被提到的次数即影响力折算成钱，那么仅在2016年3月特朗普就获得了价值近20亿美元的免费网络传播时间。

这部分价值的来源，就在于海量头部用户的“传播价值”。

这部分用户，最终未必会投票给特朗普，有的甚至是他的反对者，但不管是基于支持而转发，还是基于反对而转发，只要用户转发了，用户的传播价值就体现了。这种价值在传统渠道里面，由于受限于时间和空间，传统商家很难大规模获取，而互联网上的商家却是得心应手。

当然，特朗普发布的内容极具煽动性，因为只有引人注意的内容才能获得规模效应。特朗普经常针对具体的某个人发表看法，同时要求对方回应，比如针对演员梅丽尔·斯特里普、福特公司的CEO等。

特朗普还专挑争议性强的话题发表言论，比如种族主义、性别歧视等，而Twitter有每条140字的限制，失去了上下文的语境，就会让一条推文有很多种解释，更易引起争议。这也符合万老师的观点，出现的内容决定出现的价值。

以上案例表明：

出现的方式决定了出现的结果：如何出现在用户选择的范围内，这个方式决定了最后能不能成功。

出现的内容决定出现的价值：当拥有出现的方式以后，通过该渠道，选择销售大众产品还是精准度高的窄众产品，就决定了产品的价值，进一步就会决定这个产品的价格和利润。

当然，深入理解低利润但价值巨大的头部用户以后，不仅可以用来竞选，更重要的是传统行业在转型过程中，要重视对于头部用户的积累、管理和转化。在传统企业的市场营销和销售中，不买产品、买不起产品的客户都不是精准用户，只能放弃。但现在不同了，你可以用多种现场转化的手段，把对方纳入你的“海量头部基础用户”，通过互联网工具，激发用户“转发”“分享”，获取用户最具价值的“传播价值”，进一步裂变、转化，从而形成销售，获取利润。

我们高端所以不用“加粉”？这家传统服装连锁公司错在哪里

我曾为一家在全国有 1500 家门店的服装品牌公司提供咨询服务，并建议采用门店募集粉丝的方法获取流量，但未被采纳。其理由是该方式募集的潜在客户是不符合公司品牌定位的“低档”用户。为此我曾就这个案例做了深入分析，欢迎扫码收听相关内容。

这家传统服装连锁公司错在哪里
（扫码，转到喜马拉雅 FM 收听课程语音；荔枝、蜻蜓 FM 搜索“万建峰”即可同步收听）

小结

不出现＝不存在：证明你优秀不难，证明你存在是一件很难的事情。你是千里马固然可喜，但不能出现在伯乐面前则更可悲。

出现方式决定出现结果：摆脱时间和空间的限制，才可能发生质的变化。

出现内容决定出现价值：当精准度足够的时候，应该摆脱成本定价，采用价值定价。

亚马逊盈利奥秘：不靠热门靠冷门（下）

（扫码，转到喜马拉雅 FM 收听课程语音；荔枝、蜻蜓 FM 搜索“万建峰”即可同步收听）

第五节　不是真爱是无奈：当年为何与 TA 结了婚

你是怎么认识你的爱人的？你们是朋友？同学？同事？朋友的朋友？同学的同事还是同事的亲戚？

事实上，我们大部分人认识自己的另一半时彼此的物理距离是很近的，不论其家乡在何地，工作地在哪里，近到有可能就是你的邻座，有可能是一个部门的同事，或者同一个学校同一个班级的同学。

根据齐普夫定律（zipf's Law），70% 的夫妇婚前彼此居住距离不超过该区域总长度的 30%，正好印证了这个观点。

近距离、小范围选择的配偶，是不是最适合你的呢？是不是还有更好的选择方式呢？

我们用三个问题来帮助你反思在择偶过程中的无奈：

（1）你和某人谈恋爱，然后结婚，TA 是否完全符合你心目中的标准？

大部分人的回答是：否。你会认为 TA 身上有一些缺点，这些缺点让你觉得不可思议，甚至难以容忍。而这些缺点有些是婚前你就知道的，有些是婚后你才发现的。对于前者，为什么当时你容忍了；对于后者，你会说自己当时没看出来。

这个事实说明：你知道所选的 TA 不是完全符合你的择偶标准，也就是说 TA 不是最好的！

（2）有趣的统计调查结果。在美国曾开展一项统计调查，结果是：大部分人，特别是女性，她们心中经常会有幻想，即她们认为世界上应该还有一个比她们现在找到的这个男人更好、更富有、更体贴、更温柔、更幽默……更配得上自己的人存在。你是否有过类似的幻想？我在课堂上也经常问同学们这个问题，同学们都表示确实有。

（3）明知TA不是最好的，也知道世界上有一个更好的存在，那你为什么与TA结了婚呢？

有些人解释为“缘分”，其实缘分这个说法，是没有依据的。也有人会表示，在当时，TA是所有候选人里面最好的选择了（听着好像多少有点无奈）。

我国的文字真是神奇，“婚”拆解来看就是“女”和“昏”，一个女子“昏”了，也就是快结婚了。除了被爱情冲昏了头脑，还有什么因素让她“昏”了头呢？

事实上，传统婚姻都存在以下限制：

（1）有限的时间。因为必须在一定的时间段内做选择，不然就容易成为“剩男剩女”。

（2）有限的空间。根据齐普夫定律，你只能在近距离范围内挑选配偶。

无奈选择与真爱：当年为何与TA结了婚（上）
（扫码，转到喜马拉雅FM收听课程语音；荔枝、蜻蜓FM搜索“万建峰”即可同步收听）

所以，你决定与TA结婚，从根本上看就是一个有限范围的“无奈的选择”。无奈是因为你明明知道世界上有更好的，却因为你无法摆脱时间与空间的选择。这种传统方式下的婚姻，匹配“精准度”是非常低的。

俗语“鲜花插在牛粪上”恰恰说明精准度的高与低是极端不平衡的。假设你生活在偏远、闭塞的山村，村里能够进行婚配的男性只有两位，就算你如花似玉，但在离不开这个山村的情况下，你只能嫁给其中一位。

这就是有限范围内的无奈选择。

第六节　没需求还是被压抑：当年为何与 TA 结了婚

选择范围有限：需求被压抑

既然传统方式下的婚姻精准度并不高，那在网络上通过聊天软件、游戏所认识的人就适合吗？其实也不然。

即便是通过一般意义的互联网方式认识对方，也是局限在一定的范围内的结果，带有很大的偶然性，你根本没有机会提出一些深度的需求和标准。

假如你是一个适婚的女青年：

（1）假设让你挑一个结婚对象，你对他的要求有哪些？（要求是可以衡量的物理指标，比如身高、体重等。）

一般情况下，你的答案是身高、体重、收入、年龄、学历、职业等要求，也有一些软性指标，比如性格、爱好等。

（2）如果让你对男性的胡子提出要求呢？（要求指出其物理指标，比如长度、密度等。）

事实上在被问到这个问题之前，你可能从未思考过你对男性的胡子也是有要求的。

为什么看到这问题后你才意识到你对男性的胡子是有要求的呢？因为你从来就没有机会在胡子的“众多款式”中进行挑选。

在欧洲也做过这方面的调查，结果是女性对男性胡子的要求千差万别，比如是否喜欢络腮胡子、长胡子以及胡子的硬度、密度、形状等。这在万老师课堂现场也得到印证。

传统方式下你压根儿就不会提这些细节要求。很难想象，你会对一个帮你介绍对象的“红娘”提出这样的要求：对方的胡子的形状、毛发的分布（比如是否有胸毛）以及鼻子的形状。

事实上，对配偶的眼珠颜色、毛发颜色、种族等的要求，恐怕你也是从未想过的，原因也是你从来没有面对过那么多的选择。

荒岛上的择偶，为什么前后有变化

假设场景 1：

假如有个 A 女士，结婚前夕被外派出差，在乘坐飞机的途中遇到气流晕厥了，当她醒来时发现其乘坐的飞机失事了，整架飞机只有她和四个男性存活下来。这时他们发现，这次飞机失事不是航空公司的问题，而是世界发生核战争，全世界只剩下 A 女士和四位男士。那么现在问题变得非常严峻了：人类的繁衍任务全部落在 A 女士身上，而 A 女士只能在四位男士中选择一位作为配偶。

问：在这种情况下，A 女士的择偶标准发生了什么变化？

A 女士还考虑配偶收入、学历吗？还在乎配偶留胡子吗？这时候 A 女士面临的主要问题是什么呢？是生存！这时候她的择偶标准变成：会上树摘椰子，能下海捕鱼，能上山捕猎。谁能让她生存，她就跟谁完成人类繁衍的重任。

A 女士的标准是不是急剧下降了？为什么 A 女士的标准会急剧下降？

假设场景 2：

A 女士正准备给某个选中的男士安排山洞的时候，另外一架飞机也失事了，飞机上有 30 个男性存活下来，正好降落在 A 女士所在的小岛上。

问：此时 A 女士的择偶标准有没有变化？如果有，那又是怎样的变化？

首先，她要求男士先上树摘椰子，再下海捕鱼，这两个基本标准达到以后再根据其他更高的标准筛选，比如身高 175 厘米以下的不考虑，剩下的再筛选胡子、眼睛等选项。

第二种情况下 A 女士的择偶标准为什么提高了？

因为人多了，选择范围大了，她的潜在需求就开始逐渐显现出来了。

结论：当用户面临的选择范围有限的时候，用户大量的需求被压抑了（潜在需求）；反之，用户的标准会随着选择范围的增加而不断提升，用户大量的需求得到了激发并有可能被满足。

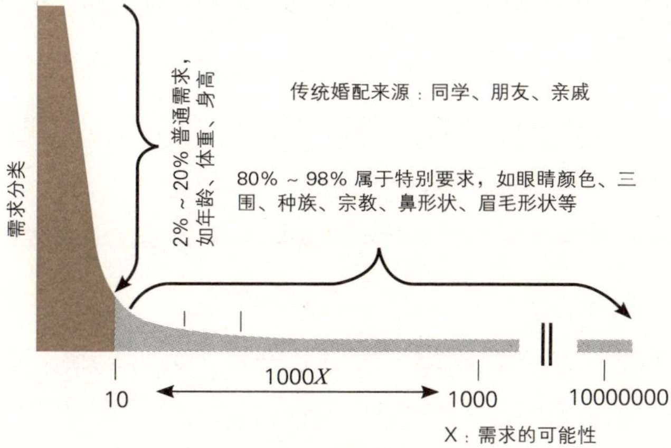

人类婚配需求图

图中横轴代表需求分类，纵轴代表需求的可能性。

通过以上场景模拟可以发现，当用户选择范围有限的时候，大量的用户是在头部区域提出需求，比如年龄、身高、体重、收入、学历等，根本原因是婚配双方都没有摆脱时间和空间的限制，所以你在头部只能提出常规的需求，而你的竞争对手也在这个区域寻找，所以竞争程度非常激烈。

在特定环境下，你可能根本没有机会提出你的标准，标准降低到只要是异性就可以了，因为你能找到一个愿意与你结婚的异性就不错了。比如第二次世界大战后的越南，男女比例甚至一度达到 1 ∶ 4，而且年轻女性更多。在这样的环境下，如果你是幸存的男性，机会就很多。但是如果我们有机会在更大范围内搜索的时候，就是选择变得无穷多的时候，你再细分的需求都有可能找到匹配对象。比如一位年轻漂亮的越南少女，在本地可能只能嫁给一个条件平平的大龄男青年，但如果放到整个亚洲或者欧洲，就可能嫁给一个“高富帅”。

这些细分的需求都在尾部区域，如果把你的所有择偶条件和标准罗列出来（不管目前能不能实现），同时有种力量帮助你在大范围内实现精准匹配的话，你找到意中人的可能性是不是更高了？有趣的是，在这个更多符合条件配偶出现的过程中，你会陆续发现你原来还有更多的“潜在需求”。这是一些你原来想到了也不会提出来，或者想都不敢想的需求，比如：对音乐有什么看法？平时是否抽烟？喜欢抽什么烟？父母有没有遗传病？会不会做菜？是否喜欢小孩？等等。

当然，传统方式下一个女性找不到她心目中的白马王子的根本原因是她认识的人太少。但还有一个可能是，假设把 200 个单身男性同时推到她面前，让她选择其中一个结婚，她就会选择困难了。

这说明，传统择偶方式缺乏大范围搜索异性的渠道和高效筛选的工具。

那么有没有这样的工具和渠道呢？答案是有的。

国际上著名的婚恋匹配网站，最有名的是 match.com，还有 okcupid.com，上面的标准可以细化到希望对方听什么音乐、看什么电影、抽不抽烟，以及肤色、眼珠的颜色、毛发的颜色甚至毛发的分布等。

比如某地有一个大家都不认可的未婚青年，他必须要经过好长时间，大大降低他的标准（其实他根本没有机会提出自己的需求），才能找到婚配对象。这是传统世界里经常出现的情况，这样的青年被称为大龄青年。但是，换一个范围，换一群对象，他身上的“缺点”有没有可能在另外一个地区或另外一个人种看来是“优点”呢？试想一下，有没有可能有人喜欢秃头的男性，喜欢皮肤黝黑、毛发浓密的男性呢？

当然还有一种情况，即自身条件不错，对另外一半的要求也不低，并且不肯降低标准来择偶，选择长时间等待合适的人出现，结果成为“剩男剩女”。但是如果**扩大范围，用空间换时间**，有没有可能在短时间内就让这些“剩男剩女”找到意中人呢？

比如通过在线全球婚配系统，或者通过电视婚恋节目，TA 完全有可能在世界的另一个地方找到完全匹配、互相喜欢的对象。

这就是范围变大以后，精准度的实现可能性变高了。当然，在这个过程中需要一定的筛选工具以及筛选手段。

实际上，婚配的过程告诉我们，更好的不是不存在，而是没有好的工具做筛选，让精准度更高的人选“出现”在你的选择范围内。所以从这点来看，传统的婚姻基本是一个精准度很低的“错误”匹配。

此案例只是为了证明这个论点而已，择偶和婚姻的过程实际上要复杂得多，否则就不会出现那么多的离婚和再婚现象了。

潜在需求与行业机会

前文中提到一个重要的名词叫**潜在需求**。潜在需求是用户非常重要的特征，只是传统行业满足各种用户的无限细分的潜在需求的成本太高了，所以只能做到通过大规模生产满足大部分用户的大众需求。

各行业的发展中都出现过许多知名人物，他们由于提前洞察了用户的潜在需求，并设法满足了这些需求，以此成就了伟业，比如汽车行业大名鼎鼎的亨利·福特。亨利·福特发明了生产汽车的流水线，通过流水线生产的第一款汽车即T型车，这款车只有一种颜色——黑色。

在推出这款汽车之前，记者采访时问道：“这款汽车还没有被生产出来，为什么你坚信这款汽车将来会风靡全世界？”

亨利·福特回答：“如果问现在的客户需要什么，他的答案是要一匹跑得更快的马。”

在客户看到汽车、了解汽车生产企业之前，大部分人都未曾预料到世界上可以有汽车，因为他们面临的选择非常有限，当时最先进的交通工具就是马，所以问他们需要什么，回答最多的是要一匹跑得更快的马。

这说明：用户没有能力在未知的领域做选择，他们的选择一定是在他所知

的范围内，而我们必须提前“预知”用户的这些潜在需求。正是由于亨利·福特预见到人类的这种需求，汽车行业才会成为20世纪数一数二的大行业。

无奈选择与真爱：当年为何与TA结了婚（下）
（扫码，转到喜马拉雅FM收听课程语音；荔枝、蜻蜓FM搜索“万建峰”即可同步收听）

随着工业化时代的过去，互联网时代的到来，大量的企业、工厂都在不断探寻客户的潜在需求，只要能满足客户的潜在需求，就可以占据未来的市场。事实上用户的显性需求人人皆知，但竞争激烈（汽车问世之前，马车行业也是一个竞争激烈的行业）；而潜在需求则需要去挖掘。未来最好的汽车企业，可能是特斯拉。关于“特斯拉和通用的本质不同”，请读者阅读第9章中的相关内容。

关于潜在需求和行业机会的深度讨论，以及出现的四大因素——范围、精度、速度、成本，大家可以扫码听一听音频“无奈选择与真爱：当年为何与TA结了婚”。

小结

传统模式下有限范围的“无奈选择”与互联网模式下无限范围的“精准选择”不同的根本原因是互联网让范围变大了。

用户往往面临的选择范围有限，这时候用户大量的需求被“压抑”了，即不出现=不存在。

出现的方式（范围、门槛）决定出现的结果。

出现的内容（精度、性价比）决定出现的价值。

第七节　万老师："出现"比"优秀"更重要

万老师提出的"出现理论"，核心可以总结为三句话：

不出现 = 不存在：证明你优秀不难，证明你存在是一件很难的事情。**你是千里马固然可喜，但不能出现在伯乐面前则更可悲**。

出现方式决定出现结果：摆脱时间和空间的限制，才可能发生质的变化。

出现内容决定出现价值：当精准度足够的时候，应该摆脱成本定价，采用价值定价。

所以你应该：

不管是产品还是个人服务，尽可能多地出现在各种渠道和媒体上，哪怕刚开始是免费的。

不断输出高质量的内容，不管是文章、音频还是视频、直播，直至产品。

提供流量变现的手段和工具，比如网店、微店、在线课程等。

在拥有头部流量的基础上，更要考虑后续有高价值的服务和产品，不浪费精准度高的用户价值，所以你要提供高品质、高价格的"窄众商品"。

第2章

用户细节，“嘘嘘”也能产生商机

“嘘嘘”的细节中，蕴藏的商机是什么？

欧洲人不擅长“亚洲蹲”，为什么会有人因此创造了大量利润？

电视剧不插播广告，失去了收入却获得了什么？

卖鞋子的网络平台 Zappos，为什么一次要给客户寄 3 双鞋？

第一节 “嘘嘘”的痒点和痛点：小便池的巨大商机

“嘘嘘”爱瞄准，男性小便池的巨大商机

问男性朋友一个关于消费体验的问题：当你对着小便池“嘘嘘”的时候，突然发现小便池里有一只苍蝇，你会怎么办？

在这种情况下，大部分正常男性的第一个反应是集中“尿力”向它扫射。这是男性的一个癖好，是用户的**“痒点”**！

男性这种非常隐秘的癖好有什么商业价值

这是我的亲身经历。我在欧洲旅行时，曾被小便池里的苍蝇蒙骗了，后来才发现苍蝇是假的。小便池中的苍蝇图案是设计师精心设计的。

这说明有设计师观察到了这个现象，并把它变成了非常好的商业设计。

为什么小便池里有苍蝇

别小看这只苍蝇，它可以有效地防止男性在小便过程中尿到池外。因为当有一个目标的时候，男性尿到池外面的可能性就降低了。正是通过观察用户的细节，才能够设计出如此体贴的产品。

这款小便池的设计是欧洲的专利产品，其价格是普通小便池的 1.2 倍。

在我国，公共的洗手间常贴着标语“上前一小步，文明一大步”来提醒用户，但效果并不明显。

但是有网友将这句话改为“射到外面说明你短，射不进去说明你软”，结果收到了意想不到的效果。

显然后者对于个体用户感知度更强，用户会本能地改进了自己的行为。

小便池的案例告诉我们，产品设计依靠的其实是一个比文字更古老，而且不需要记忆的东西，那就是本能。

比如客人入住酒店后，发现马桶边的卫生纸的一端折成了三角形，其目的就是在没有说明书和服务员的情况下告诉客人，这个房间是打扫整理过的，卫生间在打扫后没有人使用过。

“嘘嘘”要排队，女性洗手间的巨大改进

别以为只有男性“嘘嘘”这个“痒点”是商机，再来看看女性“嘘嘘”的痛点，那就是**排队**！并且女性在排队的同时往往发现男洗手间没有人使用。

观察到这个细节时，你认为有没有可以改进的地方？有没有商业价值？

我国台湾东海大学工业设计系硕士生陈诗盛与赖昱儒设计出了新概念的“绅士厕所”（Gentolet），以解决女厕供不应求的问题。

他们敏锐地发现，男性洗手间和女性洗手间经常是一墙之隔。他们就将这面墙打掉，巧妙利用**双开门单通道**的设计，造就了一排一排双方都可以进入的洗手间。也就是说，只要一边门开启，另一边的门就会自动上锁，如此就不会造成另一边误入的状况。

这个概念的本质是将男厕使用率较低的马桶间与女厕共享，有效提升隔间厕所单位面积的使用率以减缓女性使用者长时间的情况的排队，并且在最大视角不变的情形下，有效缩减使用空间。

由于有效地解决了男女洗手间座位分配不均的问题，他们获得了有“设计界奥斯卡”之称的 2014 年德国红点设计奖（Red Dot Award）的最佳奖（Red Dot：Best of the Best）。

在日常生活中，你如果对用户在使用产品的过程中随时跟踪和观察，就能够得到很多产品设计和定位的重新思考。

不断研究用户与产品、服务在各种消费场景下的接触点，反复试验，那么产品的定位和设计就会不断地得到提升和改进。

“嘘嘘”的痒点和痛点：小便池的巨大商机
（扫码，转到喜马拉雅FM收听课程语音；荔枝、蜻蜓FM搜索“万建峰”即可同步收听）

关注用户体验和用户消费场景分为售前、售中、售后三个阶段：售前研究用户的购买流程，售中研究消费细节，售后研究客户的潜在需求。

比如，当你明确用户采用什么方法、什么时间、什么渠道在售前查询，你就会明白你的商品应该在哪些渠道上等着用户通过什么关键词来找到它，这叫售前关注用户的购买流程。

当然，对于那些老用户，你更要挖掘他们的潜在需求，比如饮水杯的容量是不是合适，女生单手能不能握紧，保温效果能不能持久。

据观察，很多用户抱怨一些高级的保温杯也有“缺点”，那就是保温效果太好，以至于早上倒入的开水，到下午还烫得喝不上。

当你特别关注使用细节和用户的体验，并持续改进以后，你对用户的爱好、需求、细节的把控已经超过了他们的想象。当用户发现你的产品或者服务比他们预期的还要好时，那么买你的产品肯定是他们的第一选择。

用户接触点

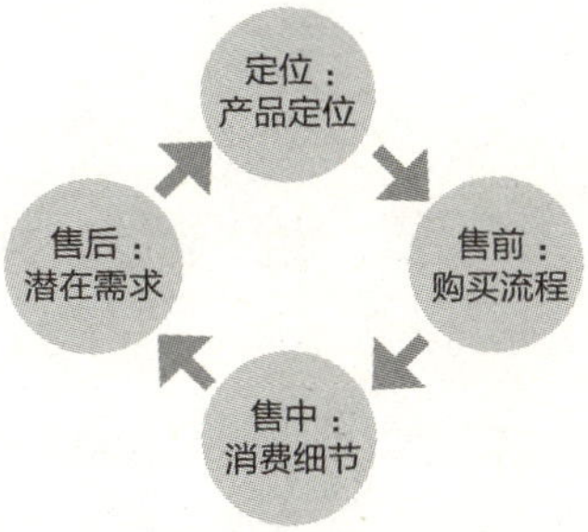

客户掏钱变成用户，反复购买以后就变成老用户；老用户对你的品牌和个人产生依赖，就成为你的粉丝，反复接受你的内容，反复接受你的产品，反复接受你的服务，就变成了你的忠实粉丝。

如果你培养了一大批忠实粉丝，那你的生意基本上就会变得非常成功，小米的“米粉”、苹果的“果粉”无一例外都是这个模式。

除了 IT 行业，还有很多行业也是依靠关注用户细节，提升用户体验度来获取新市场的。

比如国内著名的在线家装平台：尚品宅配。我们都知道 B2B、B2C、C2C 模式，尚品宅配在做 C2B 模式，就是根据用户需求来定制，实现个性化装修，在家装行业异军突起。

比如国内著名的电商品牌——“三只松鼠”，就是极度关注用户的体验而获得成功。在这家网店除了能买到食物以外，还得到了湿纸巾、封口夹、开果器，以及垃圾袋。也就是说，商家模拟了所有消费流程，把你想到的问题、缺的东西，都一次性为你准备好了。

在传统门店，如把客户细节及体验度做好，照样能在市场上有好的表现。各大品牌也在各种营销机会中不断满足用户的各种需求，兼顾客户的使用细节，不断提升客户的体验度。国际家居大品牌——宜家家居，就非常注重门店的产品陈列和用户体验，把客户体验度做到极致，并在互联网大潮下蓬勃发展。

宜家：电商大浪下三大不死秘籍

第二节　连续播，无广告：《纸牌屋》的创新拍摄和创新播放

传统的影视剧，基本上是依据小说编剧制片拍摄完成。这样的方式产生的结果有可能很好，也有可能很糟，其根本原因是难以提前判断影视圈潮流的变化和用户的喜好情况。所以影视圈非常重视大导演和大明星，因为他们才是票房的保证。这样的模式有改进空间吗？答案是有。互联网大数据解决前者的预测问题，而后者通过专业大脑实现。

大数据制造的“神剧”《纸牌屋》

Netflix 是一家美国公司，在美国、加拿大提供互联网随选流媒体播放，定制 DVD、蓝光光碟在线出租业务。起初 Netflix 只是用大数据来做影片推荐，而后其团队借助大数据做出了一个成功的决定：通过查看观众的观影历史、观看的题材内容、故事情节、演员选择以及对不同影视剧的评分等得出了一个结论，即拍摄一部用户感兴趣的关于一位参议员的连续剧。

Netflix 发现，喜欢观看 1990 年版《纸牌屋》的影迷们同时喜欢观看导演大卫·芬奇（David Fincher）的作品，另外他们经常观看奥斯卡影帝凯文·史派西（Kevin Spacey）的作品。Netflix 预测凯文·史派西、大卫·芬奇和“BBC 出品”三种元素结合在一起的电视剧产品将会大火。因此，新版《纸牌屋》邀请了大卫·芬奇（制作人）和凯文·史派西（男主演）加盟这部作品。

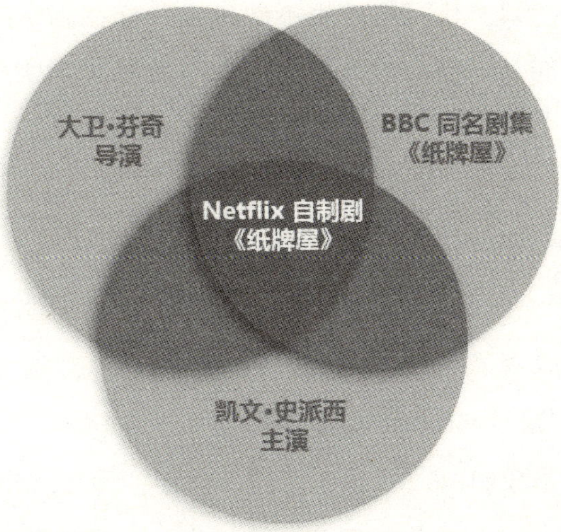

2012 年,Netflix 制作的电视剧《 纸牌屋 》取得物超所值的效果和影响力。

深入用户追剧细节：颠覆播放方式

大家有这样的体会：电视台播放电视剧的突出的缺点是广告多，并且每次只播放两集。在传统电视市场，用户只能接受电视台安排的播放方式，因为根本没有其他选择。

Netflix 对于订阅用户数据的追踪和分析远远不止听起来那么简单，因为基于基础数据派生的扩展数据量比一般人能想到的大得多。这一过程绝不仅仅是分析观众喜欢观看哪些主题的电影，具有哪些观影偏好。特别值得大家关注的是，Netflix 通过在该网站上用户观看电影和观影过程产生的**行为数据**，如收藏、推荐、回放、暂停，会在观看到几分钟的时候关闭视频，以及搜索请求等，分析出用户的一个潜在需求，那就是用户厌烦“追剧”的心态，即用户非常希望能一次性看完，而不是分次、分批以及中间穿插广告！

自从有了网络视频，我国用户也不像过去一样在固定时间等在电视机前观看电视剧了，而是“攒起来”观看，即全集播放完毕后在网络上一次性看完。

统计表明，很多 80 后、90 后可以三个星期不打开电视机，新生代用户甚至没有打开电视机看电视节目的欲望。那么无论是多么优秀的电视剧，加上巨额的广告投入，如果还在原来的渠道播放，采用原来的方式发布，可行吗？

Netflix 明智地改变了播放方式，改成一次性播放 13 集《纸牌屋》，结果造就了一个新词叫“狂看（Binge Watching）”。

因此，Netflix 击败 HBO、AMC 等竞争对手，为 26 集的《纸牌屋》原创剧情提前支付了 1 亿美元作为剧组预算并拥有了《纸牌屋》两年的独家播放权。这意味着，要观看这部剧，用户只能在 Netflix 平台上付费观看。

事实证明，《纸牌屋》这部剧大获成功。该剧在美国著名影评网站 www.rottentomatoes.com（网友称为“烂番茄网”）上的平均评分高达 9.1 分，《纸牌屋》的出品方兼播放平台 Netflix 在 2013 年一季度新增超过 300 万媒体用户，第一季度财报公布后股价上涨了 26%，达到每股 217 美元。

这一切成功都源于精准的数据分析。《纸牌屋》的诞生是从 3000 万付费用户的数据中总结出收视习惯，并根据对用户喜好的精准分析进行创作。这个现象也证明了内容的重要性。韩剧《太阳的后裔》在视频播放平台爱奇艺同步独播，为其带来了大量的注册用户，并实现付费转化，付费会员数量骤增 50%，为爱奇艺播放平台带来的会员费收入就达 1.9 亿元。

尽管大数据样本与数据分析威力巨大，能够展现大量细节，但是大量的数据和结论，还是需要专业的头脑进行综合分析和解读。这就是 Netflix 成功的深层次原因，即他们分别使用了海量大数据和专业的头脑。关于 Netflix 的介绍和成功经历，大家可以扫码阅读相关文章。

Netflix 与《纸牌屋》：大数据与专业大脑的完美结合

第三节　Zappos 为什么寄给你 3 双鞋？“亚洲蹲”背后的商机

Zappos（美捷步）为什么寄给你 3 双鞋

在网上买鞋子常常遇到的困扰是：虽然鞋子标明尺码，但由于不能试穿，买到的鞋子不合适怎么办？

理想和现实之间的差距，往往就是巨大的商机。

Zappos（美捷步）是一家鞋类垂直电商网站，创办于 1999 年，其创始人是美国华裔创业者谢家华。

Zappos 对顾客做出承诺，如果顾客所购的鞋子不合适，送货和退货的运费都由卖家承担。谢家华把这个原则总结为：“合适就穿，不合适就换。”

谢家华的经营哲学并不是做广泛的广告宣传，而是把本来应该投到广告上的资金用到提高客户服务和用户体验上，让用户们口口相传来为公司做宣传，即实施口碑战略。

比如，针对尺码不确定的情况，网站会根据用户挑选的那款鞋子的尺码，建议用户同时购买另外的两个尺码的鞋子，一共邮寄 3 双鞋子给用户试穿。不合适的鞋子用户可以退回，而这来往运费都由卖家承担。

对此许多人可能会担心付款后就不容易退货，Zappos 一开始就推出了售后延迟付款的方式。顾客购买 Zappos 的商品后 90 天之内可以不付款，这与免费退换货对应，再一次释放了顾客的决策压力。直到今天，Zappos 的退换政策都没有改变，如果鞋子没有穿过，没有损坏，不影响二次销售，就可以在 365 天内无条件退换。

这一举措虽不是 Zappos 首创，但 Zappos 将其做得最为彻底和极致。

所有这些引诱顾客购买的规定，为 Zappos 带来了高达 20% ~ 40% 的退货率。越高档的品牌，退货率越高，再加上客服成本，每年 Zappos 都会为此支出近 1 亿美元。支出的运费虽高，但是由于 Zappos 并不打广告，因此这 1 亿美元就可以折算为营销成本。

这么高的退货率看上去很危险，但从结果上看，也确实值得：由于平均每份订单的金额达 90 美元，在扣除送货和退换货费用后，毛利仍可达 35%。而且 75% 的用户是回头客，这些回头客的交易额是新客户的 15 倍，维护成本却只有新客户的 1/6。

Zappos 在 2009 年被亚马逊以 8.5 亿美元收购。收购之时，Zappos 已经是美国最大的鞋类电商网站。直到今天，亚马逊仍然保留 Zappos，让它以独立的品牌和企业文化继续运营。

“亚洲蹲”背后的商机

有些产品背后的故事可谓是传奇的。由于中西方人的身体构造不同，西方人实现“亚洲蹲”（Asian Squat）很困难，所以如厕一般采用坐便，而亚洲人则推崇蹲便。这两种如厕方式的不同，最终引发了学术界的新研究，即关于如厕姿势对于便秘的影响的研究。研究结果表明，蹲便更容易排便，而坐便却容易引发便秘。基于此，新产品——如厕凳诞生了（见下图）。而这个极其简单的产品在美国大卖！

蹲便还是坐便，用户细节产生的灵感

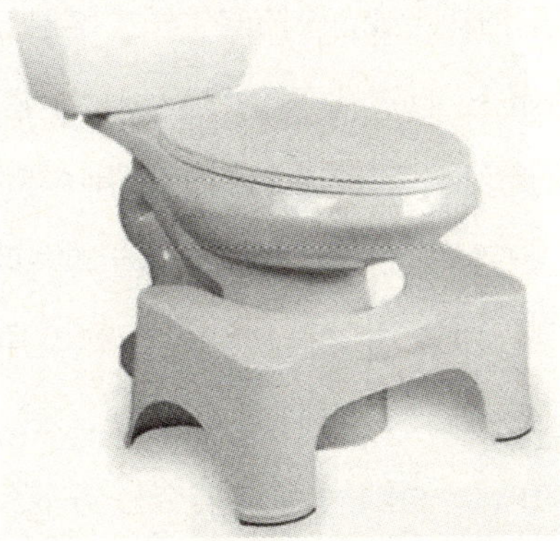

第四节　用户画像：看看你的用户长啥样

用户画像：贴心设计来自对用户的深度理解

腾讯是一家善于进行用户分析的公司，其以下几个方面的工作，值得我们借鉴和思考：

第一是定义用户。即明确自己的产品服务于谁，目标用户是谁，了解用户的性别、年龄、地域分布、收入、职业、喜好以及在什么场景下使用产品。比如，QQ 音乐团队把用户按照年龄段分成 80 前、80 后、85 后、90 后、95 后和 00 后，分别调查不同用户群体喜爱的偶像，从而影响音乐界面的推荐音乐和歌星。

第二是接触用户。在各种接触点上获取用户的特征数据，比如通过用户访谈、问卷调研、网上发帖回复、实地观察用户行为等去接近个体用户，获取真实的用户特征和偏好。腾讯曾经有一个简单可行的 10–100–1000 法则，即每月通过电话或面对面的方式接触访谈 10 个用户，回复 100 个用户的微博或发在论坛上的帖子，阅读 1000 名用户在各个渠道上的反馈。

第三是细分用户。面对海量用户时，应采用不同的产品策略和市场策略，即需要从不同的角度、环境、场景去理解用户的使用需求。一般情况下，可以把用户分为三种：第一种是随意型用户，也叫新手用户，大约占 20%，他们就是随便玩玩，门槛足够低就试试；第二种是主流用户，也叫中间用户，大约占 70%，他们为完成某个任务而使用你的产品，几乎不会有兴趣使用所有功能；第三种是专家用户，大约占 10%，他们喜欢深入研究产品、探索新功能。腾讯手机管家通过用户访谈和数据分析，把手机用户分成了四类：蝌蚪用户、考拉用户、穿山甲用户和河马用户。蝌蚪用户是指零基础用户，即什么都不懂的用户；考拉用户是大概有概念，但是不关心、不关注产品的用户；穿山甲用户是了解手机用法，而且有探索精神的用户；河马用户是极客用户，他们不信任任何安全软件，所有问题都自己解决。你也可以对你的用户做个大致的分类，但应该把主要的资源针对最主要的用户。

第四是模拟用户。模拟用户就是把思维从产品经理模式切换到用户模式。马化腾曾说，真正好的产品经理，要有能力让自己在短时间内变成小白用户。比如，深入理解老年微信用户的沟通障碍是什么，字体大小能否看清楚，能不能不通过键盘输入，还有普通话发音不准、方言众多等情况，这些用户的特征会影响微信的产品设计。事实证明，老年人最喜欢的语音留言，完全不用键盘和文字，当然更重要的是免费。

当然，用户画像的本质是对用户人群的细分，进而对该人群进行售前、售中、售后的场景化分析，本质是对产品设计细节和消费体验度改进。比如，“拼多多”尽管其销售的产品没有“高大上”的标签，但是却激发了用户的购买热情，原因是“拼多多”找准了市场较低部分的消费人群，而这部分人群在流行的电商平台上找不到对应的价格层次的产品，却在“拼多多”上得到释放和满足。

细节的研究过程中，蕴含大量的商业机会。比如，小米品牌的带 USB 充电接口的插线板，其设计灵感来自对用户“电量恐惧症”的行为习惯的研究；通过对短途出行人群进行问卷调查、研究后发现，选择何种交通工具解决距离目的地的最后一公里常常是尴尬的：叫车太近，走路太远，让人无可奈何，于是出现了共享单车。

共享单车创始人胡玮炜：为什么做出摩拜单车的人是我

简单的用户画像

对用户画像的研究，有很多工具和方法可以采用，比较直接、简单的就是百度指数（index.baidu.com），推荐各位读者使用。大家可以自行测试感兴趣的话题。

新生代通过互联网来认知新产品、新业务、新服务。比如朋友圈推荐，其他用户对某个产品的打分、评论，通过大众点评、美团或者口碑网来选择电影、餐厅甚至点菜。因此，过去品牌经营追求的是知名度，今后品牌追求的是“温度”，用户从喜欢你、热爱你，到狂热依赖你，这个“温度”若能节节升高，品牌的生命力也就越来越强。

可以说，未来品牌与存在时间长短的关联度越来越小，而与这个品牌的“温度”的关联度越来越大。

传统品牌为了提高知名度，主要是通过强势广告进入顾客的记忆，而网络品牌靠“温度”则是慢慢渗透进用户的心里。比如，在传统电影院直接同步播放弹幕，其实就是为了迎合网络用户，体现了老产品、老服务、老品牌也需要不断满足新用户的新需求。更多的分析方法，请阅读“第 9 章　大数据，互联网的‘周易’，知未明观未见”相关内容，一个系列的大数据分析工具在等着你。

第五节　万老师：客户不满足的背后是商机

自从产品实现大规模生产以来，整个市场从供方市场变成需方市场，供大于求成为常态，市场和产品的竞争也从产品质量转移到用户体验上；如何能深入观察用户和产品服务的接触点，全流程对用户的查询、购买、使用等细节改进，将成为制胜的关键。

研究用户需求最好的方式，是看看用户的理想和产品的现实之间的差距：用户的需求往往是理想的，而生产商和产品往往是现实的，谁能接近用户的理想，谁就能创造新的市场。比如：

想逛街却懒得上街的需求，诞生了淘宝、京东和亚马逊；

想杀毒和不想付费的需求，产生了 360 免费杀毒软件；

想随时对话和不想付费打电话的需求，就有了微信；

想吃点好的和不想出门的需求，就有了饿了么；

拍出好的照片和不想带沉重的单反，出现了手机镜头；

随时预约和不想在路边等出租车，催生了共享汽车；

地铁出来犯不着打车和不想走路，便有了共享单车；

想学习和不想支付高额学费，便有了在线微课；

想要配置不低、性能高且价格能接受的手机，便有了小米；

读者想了解更多，却懒得去查询，便有了像本书这样遍布各种二维码的图书；

…………

从用户的角度来思考问题，从产品思维转移到用户思维；改进用户与产品的每一个接触点，不断降低用户进入的门槛，有太多的细节和机会等着我们去发现。

第3章

互联网免费的背后，居然是盈利

互联网对普通用户最大的吸引力就是免费！

百度、谷歌提供免费搜索服务，360 提供免费的杀毒软件……

互联网企业免费提供服务，如何盈利？由谁来买单？

免费搬家是如何盈利的？

第一节　免费搬家如何盈利

免费搬家的结果是什么

普通的搬家公司在传统的搬家行业很难赚钱，为什么呢？

原因一：传统的搬家公司进入的门槛比较低，只要很少的投入就可以开业，所以竞争对手多。

原因二：大众服务靠价格竞争，最后商家们只能获得微利甚至亏本经营。

有一家搬家公司针对高档社区，推出了一项特别的服务：免费搬家，不收搬家费。结果这个搬家公司在对手众多的市场中脱颖而出。

竞争对手们都“忍痛”报出低价，但相比这家搬家公司提出的“不收钱”，这样的承诺当然让这家搬家公司成了**用户的第一选择！**

正所谓“不出现 = 不存在”，免费搬家服务在市场中造就了一个更低的进入门槛，率先摆脱了价格竞争。

免费搬家如何盈利呢

以我的个人经历为例。几年前我买了新房子，在搬家的过程中遇到一个问题：原来房子里的家具跟新家的装修风格不符合，在寸土寸金的城市，没有空余的空间来放置这些旧家具，所以很多家具都需要处理掉。

我找到了小区回收站的老板，打算把家中的那套实木家具以 1000 元的价格卖给他，而 5 年前购得这套家具花费了约 50000 元。出人意料的是，老板非但不接受，还要求倒贴 200 元搬运费，他才愿意把这套家具搬走。结果呢，当然是小区回收站的老板赢了，因为**受时间和空间的限制**，我找不到真正需要这套家具的人。

而前文中提到的搬家公司老板从多年搬家的经验中获得了灵感，看到了商机：高档小区里的二手电器、二手家具大部分还是很有价值的，关键能不能找到要买的人；高档社区很多人在受限于时间和空间的情况下，会抛弃这些二手家具。于是他跟用户签了这样的协议：不收搬家费，条件是凡是用户不需要的旧家具或家电，甚至废品，全部由他处理。

尽管他没有赚到搬家费，但积累了大量的旧家具和旧家电，并且找到一个场地把这些旧家具、旧家电分门别类地整理后进行二次销售，结果高档小区里这些“高档”的旧家具和旧家电的价值远远超过了搬家费用。这也是他只选择“高端社区”开展这项服务的原因。

除此之外，这家搬家公司还有第二个盈利点，即客户会因为免费搬家而选择它，但后续的拆装空调、搬运钢琴、拆装家具等业务，是可以收费的，甚至收费更贵一点，客户也会接受。

这个盈利模式非常棒：吸引用户选择这家搬家公司，是因为“免费”，这是一个让用户无法拒绝的低门槛；随后旧家具回收、拆装收费，那是用户的无奈选择。

可见，免费的本质是实现了“盈利点偏移”：赚钱不靠主业靠副业。

免费搬家也能赚钱的背后
（扫码，转到喜马拉雅 FM 收听课程语音；荔枝、蜻蜓 FM 搜索“万建峰”即可同步收听）

第二节　免费杀毒，360 赚钱的秘密

免费是体现互联网开放和分享精神的基本规则。国内互联网行业发生了三次“免费”和“收费”大战：

第一次是 263 收费邮箱和网易免费邮箱之争；

第二次是 C2C 电子商务领域的淘宝免费和 eBay 收费之争；

第三次则是 360 免费杀毒和收费杀毒软件之争。

每一次战争，都以免费的一方胜利而告终，并且带来更好的产品、更优质的服务以及更强大的商业模式。

理想和现实的差异与商机

理想和现实之间的差距，让理想和现实之间蕴含各种商业机会。

2006 年杀毒市场的现实情况：瑞星、金山、江民这三个收费杀毒软件品牌占据整个收费杀毒市场 70% 的份额。当时购买瑞星的磁盘杀毒软件，一年使用费是 200 元，到期后要续费。所有杀毒软件都要收费！

面对病毒横行，当时用户的理想和愿望是：确实需要杀毒软件，但不要那么贵，最好是免费的（当时网上有很多杀毒软件的破解版）。

那么是愿意付费获得杀毒软件的人多，还是不管经济上是否能承受都愿意免费获得杀毒软件的人多？答案是后者更多。因此，360 公司当时就率先提供免费杀毒软件。

在传统行业，不少商家用免费作为营销手段，比如存话费赠手机或是先尝后买，这些都是假免费。只有在互联网上，才会产生真正的免费，即没有任何附加条件就能享受到的免费产品和免费服务。

有些收费杀毒软件也推出了一些免费促销措施，比如一定期限的免费，或者是功能简化版免费（高级版需要额外收费）。这种假免费短期内能给用户一些甜头，但如果到期后不能升级病毒库，或是没有全面防护能力，反而会伤害用户。

甄别杀毒软件是否真的免费，主要取决于该杀毒软件有无激活码，或是否会弹出广告提示购买全功能版。360 杀毒软件让用户永远告别激活码，真正实现“一次安装，永远省心”，所以只有 360 杀毒软件所推行的免费，才是无条件、无限制的彻底免费。

360 杀毒，实现免费比收费还好！赚钱也不少

传统商业一定关注能直接收钱的市场和人群，而互联网软件公司的做法却是先获取**数量大**却**暂时收不到钱**的免费用户和市场。

如果 360 公司当时采用传统的思维来考虑问题的话，应该会这样想：瑞星、金山、江民已经占据了 70% 的市场份额，我们需要找更好的技术，通过强有力的市场推广，用更低的价格、更好的技术抢占份额，与三大品牌在收费杀毒市场进行竞争。但 360 公司没有这样做。

瑞星等品牌在这个市场里面收费，360 品牌却从收费跳到免费，也就是从**收费的场内小市场**转移到了**免费的场外大市场**。

2009 年 11 月，360 公司第一次推出免费版本。当时引发了一场不小的口水战，媒体与竞争公司都提醒用户要慎用 360 杀毒软件，并广泛讨论免费杀

毒软件的安全性问题，以天底下没有免费的午餐为由建议用户继续使用“更保险”的收费杀毒软件。但是大部分用户，甚至已经付费的用户都愿意试试 360 杀毒软件，结果 360 杀毒软件风靡全国。从 2009 年 11 月推出 360 杀毒免费版本到 2010 年 5 月，360 公司拿到了全部杀毒软件市场 51% 的份额，之后半年时间杀毒软件收费市场逐渐推移变成了免费市场。

传统行业常认为便宜没好货，但在互联网上恰恰相反。付费的软件即便不好用，用户也舍不得放弃，因为已经花了钱。而免费的产品由于获得比较容易，因此放弃也很容易，逼得相关企业不得不把产品做得比收费的更好。

网易邮箱、淘宝以及很多免费产品和服务都证明了互联网上免费有好货。360 杀毒也一样，不光永久免费，产品品质也不逊于收费杀毒软件。

这个过程反映了一个互联网特有的现象：用户的转移成本特别低，甚至是零成本，还有负成本（就是原本付费使用杀毒软件的用户后来也不需要再支付费用了）。这充分说明低门槛的连接手段有多么重要。

360 公司推出免费杀毒软件后，8 个月即拥有 2 亿的用户数量。尽管这些用户没有付费，但这部分用户已成为海量的头部用户，我们在“第 1 章　不出现 = 不存在，证明你活着比活着更难”提到，**一旦拥有海量的头部用户，尾部精准的盈利机会就出现了**。

360 公司在拥有 2 亿免费杀毒用户后，相继推出了各种“免费工具”，比如 360 浏览器、360 压缩工具、360 游戏、360 软件管家等。

360 公司推出的各种“免费工具”中，特别值得一提的是 360 软件管家。它把装软件这样的专业工作转变成了一个特别简单的操作过程，成为个人电脑的总管家。随着移动互联网时代的到来，360 公司继续推出个人手机的一整套软件服务，成为我们手机的总管家。

这一切都是免费的，其得到的回报是海量的用户！2017 年 11 月，360 公司董事长周鸿祎表示，在电脑安全软件方面，360 主要产品包括 360 安全卫士、360 杀毒等。截至 2017 年 6 月 30 日，360 电脑安全产品的市场占有率已经达到94.77%，平均月活跃用户数达5.09亿。

在移动安全产品方面，360公司主要推出的是360手机卫士和清理大师两款产品。根据iResearch统计，截至2017年6月30日，360移动安全产品的活跃用户渗透率达66.7%，平均日活跃用户数达到1.21亿，平均月活跃用户数达3.68亿，累计活跃用户数达到11.61亿。

360公司依靠提供免费的软件服务，拥有了互联网用户市场的绝对多数用户。

免费用户+免费软件+盈利点偏移

360公司拥有如此巨量的用户，以及已经构建完毕的沟通渠道，即每个用户的每一台电脑、每一个手机，打开都有360软件的广告位，这些广告位为360公司带来了巨大的收入。

还有渠道收入，比如说软件管家，是大量软件公司争抢的付费用户下载和安装的渠道（不出现=不存在）。

还有个性化的增值服务，也就是在庞大的用户基础上，面向少数用户提供个性化的收费服务，譬如安全备份与存储、一对一的远程电脑维修服务等。这与腾讯公司的模式很接近：用QQ聊天是免费的，而要用QQ秀就得付费成为红钻用户。当然，即便不买QQ秀，也不会影响用户用QQ聊天。

另外，精准度极高的硬件也是一个很好的利润来源。360商城里面有大量的高价值产品，不过价格并不是太贵，比如一款极小的硬件——360随身WiFi。很多公司有互联网接入，而不提供无线网络服务（防止员工干私活，比如炒股、看视频等），但是员工则希望能利用公司的宽带使手机上网，以节约手机流量费用。

针对这一潜在需求，360公司推出了“360随身WiFi电脑版”软件。如果使用笔记本电脑，安装“360随身WiFi电脑版”软件后，通过有线网络上网的笔记本电脑就能发射无线信号，成为一个无线路由器，手机等移动设备就可以借此连上 WiFi，实现用公司网络、上网不花手机流量的目标。至今，这个软件还是免费的。

从此，享用免费WiFi

那 360 公司如何盈利呢？继续在这项需求里面细分用户可以发现，有些用户在公司上班使用的电脑是台式机，台式机没有无线网卡。“360 随身 WiFi”这一硬件就发挥作用了，购买一个小小的“360 随身 WiFi”插到台式机上，台式机就能成为一个无线路由器，发射无线信号，使手机轻松联网。那么这款硬件的价格是多少呢？**只要 19.9 元！**

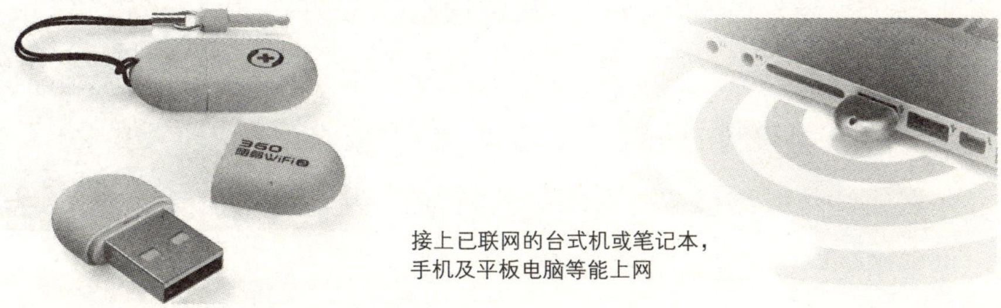

360 公司在自己的渠道上宣传“360 随身 WiFi”，不需要支付广告费用。而一个“360 随身 WiFi”，扣除成本和运费，利润为 10 元。该产品上市第一个月，360 公司即实现销售 1000 万个的目标，获得利润高达 1 亿元！

在这个物质充沛的时代，拥有先进技术生产先进的产品固然重要，但是能把这样的产品快速推送到几亿潜在用户的面前，才是制胜的法宝！这也说明了流量为王，而 360 公司做到了。

除了硬件“360 随身 WiFi”以外，还有一个更小的硬件——360 智键也获得了巨大的成功。该产品像一个耳机的防尘塞，插进手机的耳机孔，可以实现多种功能，比如一键闪拍、一键手电筒、一键录音、一键加速、伪装来电等。举个例子，使用 360 智键的手机无需解锁就能拍照，避免掏出手机打开相机的时间过长，错失拍照良机。

拍照神器与价值定位
（扫码，转到喜马拉雅 FM 收听课程语音；荔枝、蜻蜓 FM 搜索“万建峰”即可同步收听）

关于这个小硬件的具体分析，欢迎扫码收听相关音频。

360 免费杀毒免费 WiFi 如何赚钱
（扫码，转到喜马拉雅 FM 收听课程语音，荔枝、蜻蜓 FM 搜索“万建峰”即可同步收听）

这是 360 公司盈利的基础和制胜法宝：360 公司依靠免费软件获取流量，并实现了盈利点的偏移。微信也是采用免费的方式颠覆了短信。

周鸿祎（360 公司的创始人）表示，免费在现实世界里经常被视为钓鱼手段，是一种营销技巧。但事实上，一个产品的成本与用户数量密切相关，用户人数越多，分摊到每位用户的成本就越低。而所有商业价值都是建立在用户基数之上的，无论如何在互联网实现盈利，用户数量肯定是越多越好。免费是最容易获取用户的手段，而且扩展快。

这就是“免费”产品和服务盈利的本质！

第三节 万老师：你也可以“免费”赚钱

免费，是一种利他思维。

免费，是让用户“低门槛”进入的手段。当然，更好的让用户“低门槛”进入的手段就是消费补贴，比如 Uber 和滴滴快车在进入市场时倒贴打车费。

观察你的业务，看看哪个部分可以拿出来做免费“诱饵”。

我经常提供各种原创文章、音频和视频，免费直播和微课，甚至提供成本较高的下午茶和沙龙活动。前者边际成本极低，而后者针对精准度较高的粉丝，这些都是“诱饵”。

“诱饵”往往是免费的，但实现价值的“钩子”在哪里？

“钩子”特指转化工具，比如线上付费课程、线下收费课程、微店产品销售以及新书销售等，这些都是将客户转化为用户的设计。

除了“诱饵”和“钩子”，你更需要提供持续价值，才能让用户长期需要你！

第 4 章

简约≠简单，做减法是一种能力

谷歌是全球规模最大的搜索引擎公司之一，但其搜索界面为什么那么简单?

苹果是目前世界上市值最高的公司之一，但苹果手机的按钮却是最少的。

简约≠简单。

俗话说："台上一分钟，台下十年功。"这句话在互联网上也成立!

第一节　乔布斯砍掉 70% 的产品，为什么能取得成功

乔布斯是苹果公司的创始人，是近代科技历史上最具传奇色彩的人物之一。他的设计理念和管理理念都遵循了一个字，这个字就是“禅”。禅学里有一个非常重要的理念——极简主义。

乔布斯一直在做减法，他说：“我喜欢极简生活。”他简化自己的生活，一成不变的黑色 T 恤、蓝色牛仔裤、New Balance 993 跑鞋，并且从不过夜生活。他的房间没有家具，甚至结婚也是一切从简！

他把这种极简也带到了工作中。1997 年，他回到苹果公司，一上任就迅速砍掉了公司 70% 的项目，随即又砍掉了 90% 缺乏特色的产品，只专注于苹果公司最经典的几款产品 iMac、iPod、iPhone、iPad。

苹果公司产品的设计，深受乔布斯推崇的极简主义和完美主义的影响。比如，在设计 Apple 2 时，乔布斯想要的效果是在不使用风扇的情况下供电，他认为计算机内部的风扇有悖于禅意，因为风扇的噪声会让人无法集中精力。

在这种极简化的理念的基础上，乔布斯演变出了一种独特的技术和设计思路：No Button（无按键）。

2000 年，iPod 横空出世，它的外形设计极其简单，使用者“所见即所得”。

简约思维——乔布斯为什么砍掉 70% 的产品却最终成功（扫码，转到喜马拉雅 FM 收听课程语音；荔枝、蜻蜓 FM 搜索“万建峰”即可同步收听）

2007 年推出的 iPhone 更是把 No Button 理念贯彻到极致：只有屏幕没有字母按键的手机。当设计 iPhone 4 时，他只有一个要求：把最复杂、最强大的功能最简单化。结果，极简的 iPhone 4 开创了全球智能手机时代。

第二节　一生只送一个人，Roseonly 舍弃了什么

“高大上”的美国科技公司——苹果公司用简约设计和经营思路，取得了巨大成功，那么普通产品能不能也利用这个思路开展业务呢？

玫瑰花销售这个业务，存在了几个世纪了。在传统鲜花市场，也受到了互联网鲜花服务的冲击和颠覆，因为互联网鲜花销售主要还是以价格取胜。

那么，能不能不靠价格优势，在网上把玫瑰花卖出“价值”来呢？答案是能！

一束玫瑰花卖 1314 元的 Roseonly

男生为什么要送玫瑰花给心仪的女生？这是因为玫瑰花是一种爱的载体，一种价值表达，男生需要通过玫瑰花表达爱意。

你可以在马路边的花店花 200 元买一束玫瑰花，或者在网上花 150 元订一束玫瑰花，也可以到 Roseonly 官网上订购一束玫瑰花，价格为 1314（一生一世）元！而女生看到 Roseonly 这个品牌，她就知道这位男生把她放在非常重要的位置！原因是 Roseonly 的定位是“爱情唯一”。只要你在 Roseonly 买官网玫瑰花，你就必须把你爱的人和你的身份绑定，一辈子不能换。这意味着，你这辈子在 Roseonly 上只能送花给她一个人。

国内鲜切花市场巨大，但是没有大品牌。

从“爱情唯一”切入市场，Roseonly 填补了鲜花品牌的空白，通过简约的定位，用互联网的速度，快速确立了品牌。

在培育 Roseonly 品牌的过程中，因为对“爱情唯一”的坚持，创业团队选择放弃了做团购的机会，放弃了 B2B 礼品生意，放弃了一送多的模式，更放弃了将 Roseonly 拓展成爱情以外、送给亲戚朋友的产品的机会。所有的放弃，都是为了专注在爱情唯一的理想的追求和传递上！

这样的简约理念的背后，是高要求的极致产品与服务，比如顶级玫瑰花的来源。世界上玫瑰花的产地很多，最优质的玫瑰花产于厄瓜多尔，其次是荷兰、肯尼亚、越南、中国。厄瓜多尔玫瑰花产自亚马孙流域，生命力旺盛，冷冻后通过海运到荷兰拍卖，仍然可以保持一周时间花开不败。Roseonly 的玫瑰花来自厄瓜多尔。与国内鲜切花市场上成本为几毛钱至数元钱、花期短的玫瑰花不同，厄瓜多尔玫瑰花的特性奠定了打造极致产品的基础，可以使 Roseonly 提供高品质的玫瑰花。

在服务上，Roseonly 也要求做到极致。玫瑰花须在采摘后 48 小时内通过空运进口到国内，再通过联邦快递、顺丰快递等在 24 小时内送达全国 300 个城市。预售模式 + 第三方配送使得 Roseonly 基本实现零库存。

进口的纸材、花盒，通过 Roseonly 的专利设计，也成为产品的一部分。品类上不仅做玫瑰鲜花，还做玫瑰永久干花和玫瑰珠宝。

Roseonly 正是利用极简思维，取重避轻原则，牢牢把握用户的心理，有针对性地找到了鲜花市场高精准的高价值用户。这与苹果公司的策略相类似！

Roseonly 以“一生只爱一人”为理念而创立，以“一生只送一个人”的营销思路获得了高端鲜花市场的份额。

“摇一摇”：微信的绝招很简单

人类第一个动作就是摇，“摇一摇”是微信用户界面设计的一个重要特征！

微信摇一摇是微信推出的一个随机交友应用，通过摇手机或点击按钮模拟摇一摇，可以匹配到同一时段触发该功能的微信用户，从而增加用户间的互动和微信黏度。

微信摇一摇增加了传图功能，可将电脑网页中的图片轻松传送到手机上。

还有微信摇一摇搜歌功能，能识别歌曲。

2015 年除夕，你可以通过微信发红包，也可以通过支付宝发红包，结果哪个更受欢迎呢？

就是摇一摇这个动作，让用户使用的门槛大大降低了。这也可以解释为什么微信支付与支付宝支付间的“红包大战”，常常是微信领先。

“开学校”，呆萌的酵母销售

美国有一家经营酵母的公司，这家公司的销售方式很简约，并且产品只卖给公司、宾馆、面包房，而不卖给个人。按传统的做法，销售员一定得到处找关系，然后获得在采购上有话语权的高管的认可，再把产品卖给客户。

这家公司采用的方法是：在全国开设烘焙学校，提供近乎免费的课程或者低学费的课程来培养烘焙师，对烘焙感兴趣的人都可以来学校上课，毕业后学员可以获得证书。烘焙学校还会把一些特别优秀的学员推荐到面包房或者五星级酒店当烘焙师。

烘焙师对发酵粉都很敏感，所以他们会选择得心应手，即用得最多的那款发酵粉，那就是学校提供的那个品牌。再者，发酵粉的品种选择和成本，对一家企业来说并不是十分重要的采购行为，主管们乐意遵从烘焙师的建议，否则产品达不到要求，到底该让谁负责呢？所以大量学员上岗后，企业级的采购自然会选择这个品牌。

当然公司每年还会举办一些联谊会，让那些已经在岗位上的烘焙师回到学校交流，除了与学员谈谈行业动态，还在现场发布酵母粉新产品，而这个过程也是营销！

“开学校，卖产品”，这个模式很简约，但不简单。

第三节　万老师：简约是一种高要求

简约≠简单。在简约思维的背后，你必须保持极强的核心竞争能力，这是一种很高的要求。正如表面看似简单的苹果手机，其简约外表下包含的高科技的内核与一流的营销理念非常值得借鉴。

简约能带来高回报，你需要抓住主要方向和重点业务！比如，我专注于互联网授课，持续地跟踪和研究最新行业动态，为丰富课堂内容注入了活力，加上长期积累的演讲技巧，使得课程价值不断提升。

互联网的发展让社会分工越来越精细，一门“好手艺”就能让你活得很好。化繁为简，删繁就简，less is more（以少为多），保持简洁的工作和生活理念，过多的方向和目标会干扰你的决定，分散你的资源。

乔布斯把每一天都当作人生的最后一天，这个理念也是至简至深。

第 5 章

极致，“Wow”+“Now”

每个行业都有把产品做到极致的品牌，比如：

包包行业里的爱马仕（Hermès）、路易威登（LV）；

旅行箱里面的日默瓦（Rimowa）；

钢笔行业里的万宝龙（Montblanc）；

鞋子行业里的阿迪达斯（Adidas）、耐克（Nike）；

豆浆机行业里的九阳（Joyoung）；

手机行业的苹果（iPhone）、华为（HUAWEI）、小米（MI）；

电脑行业的 IBM、联想（Lenovo）；

芯片行业的 Intel；

为什么他们能做到：用户一看到产品或品牌标志，就会“Wow”地惊呼，然后就想“Now”拥有？

第一节　最好也最贵：苹果 AirPods 凭什么售价高达 1288 元

什么叫极致？有两个英文单词可以来解释，分别是“Wow”和“Now”。

引发用户的惊呼：哇，这么好，这就是“Wow”！

而用户现在就想拥有这款产品，这便是“Now”！

乔布斯改变了很多行业，最早改变 PC 行业，他做了苹果机，并引发了 PC 时代的到来。

其间他被迫离开苹果公司，后又尝试用电脑技术改变电影行业。1986 年，乔布斯收购了卢卡斯影业（Lucasfilm）旗下位于加利福尼亚州爱莫利维尔市的电脑动画效果室，成立了独立的公司——皮克斯动画工作室（Pixar Animation Studios），并于 1995 年推出全球首部完全使用电脑动画技术制作的电影《玩具总动员》。记得当年观看这部电影，在第一个镜头出现时，我就“Wow”地叫了起来，因为《玩具总动员》呈现出了极致的 3D 效果，票房更是刷新了动画电影的纪录。

后来乔布斯重返苹果公司，首先专注于音乐行业。2001 年，苹果公司推出了音乐播放器 iPod 和在线音乐平台 iTunes 商店，此举改变了音乐行业，并引发了超薄音乐播放器的潮流。

2007 年，苹果公司又推出了广受欢迎的智能手机 iPhone，重新定义了手机，开创了智能手机的时代，从而改变了通信行业。

2010 年苹果公司推出的 iPad，改变了出版业和电子阅读市场。

苹果公司在乔布斯的引领下，每一款产品在其细分领域都是 No.1，其他同类的产品和品牌一直在模仿，但不能超越。

阅读《史蒂夫·乔布斯传》可以感受到，乔布斯对于产品的要求近乎偏执，不仅包括产品的技术指标，还包括外观和用户使用界面的设计。特别是在产品研发后期，乔布斯对某几个产品在材质和外形尺寸上的设计近乎苛刻，于是在生命的最后几年绽放了更为精彩的光芒，好产品层出不穷。

苹果产品演进史
（从 1976 年说起）

我最近购买的苹果产品是 AirPods（蓝牙耳机）。

只要将 AirPods 从充电盒中取出，它们便会立刻启动并连接至你的 iPhone、Apple Watch、iPad 或 Mac。

AirPods 配备了定制的 Apple W1 芯片，使用光学传感器和运动加速感应器来检测用户是否已将它们戴入耳中。无论是双耳同时使用，还是仅佩戴其中一边，W1 芯片都能够自动传送音频和激活麦克风。

苹果耳机 AirPods 凭什么售价高达 1288 元
（扫码，转到喜马拉雅 FM 收听课程语音；荔枝、蜻蜓 FM 搜索“万建峰”即可同步收听）

它们会自动播放音频，从耳中取出后，又会自动暂停。你只需轻点两次以激活 Siri（智能语音控制），即可调节音量、更改歌曲、拨打电话，甚至获取路线信息。当你在打电话、与 Siri 交谈或者录音时，额外的加速感应器与采用波束成形技术的麦克风默契协作，可过滤背景噪声，清晰地锁定你的声音。

而打动我并促使我购买的推动者是 AirPods 宣传片，它明确地告知能满足我的需求：首先，在课程现场直播时戴上这款耳机，音频能通过无线蓝牙远距离连接到直播手机，让我在公开课上可以自由走动。其次，这款耳机内的芯片能在课堂上定向采集声音，过滤课堂现场的背景噪声，清晰地录制课堂语音，课后稍加处理就能发布到喜马拉雅 FM 等平台上，这恰好是我一直苦苦寻找的一个功能。我需要戴上这款轻巧的耳机！

AirPods 的宣传片（腾讯视频）

AirPods 也有设计缺陷：只有两个光溜溜的耳机，插在耳朵上跑步的话，耳机有可能飞出去。后来，我在淘宝网用搜索工具发现了一款产品——AirPods 防丢绳，把这两个耳机连起来的一根绳。

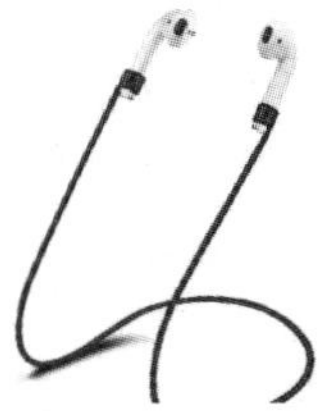

这款防丢绳的成本不超过 2 元，销售价格是多少呢？我们知道销售精准度越高，价格敏感度越低，这是一个典型的窄众商品。这款苹果 AirPods 专用的防丢绳，最低销售价格为 19 元，最高销售价格为 38 元，并且不需要也没必要降价促销，因为需要的人不嫌贵（买得起 AirPods 的用户，也不会在乎这点小钱，不然丢了一个 AirPods，损失更大）。

由此可知，做到极致的产品，售价自然不菲，中间的利润也是极好的。

本书第 1 章提到的冈本公司，也是依靠一款极致的产品“冈本 001”，获得了高额的市场收益。从 2017 年 3 月（2016 年 4 月至 2017 年 3 月）该公司公布的收入决算来看，除去成本削减等一部分因素外，其纯利润同比增加 56.9%，达到 79 亿日元（约合人民币 4.7 亿多元），收益再创新高。

第二节　讯飞：输入动口不动手，翻译要失业

超过用户的预期

如果你只支付了一般的价格，结果得到的服务远远超乎你的期望，这就叫超过用户的预期，简单说就是惊喜，“Wow”！

请问软件能不能做到极致而超过用户预期呢？答案是能，比如具有超强语音识别能力的软件——讯飞输入法！

从电脑进入家庭就有输入法这种工具了。20 世纪 90 年代特别流行电脑培训，人人都认为：学电脑必学办公软件，学办公软件必学输入法，学输入法必学五笔输入。

我国网民经历了从五笔输入法到拼音输入法，再到双拼输入法，然后到简拼输入法，直到最近的手写和语音输入。而搜狗、谷歌、百度、腾讯等公司都开发了输入法。

输入法是成熟的软件，大家都认为不太可能开发出新的亮点了，直到讯飞输入法面世。

由科大讯飞公司开发的输入法，亮点是通过语音识别转化成文字，虽然好多输入法都提供了这个功能，但是讯飞输入法把其转化率做到了极致，即语音转化成文字的识别准确率高达 97%。

2016 年，科大讯飞在国际语音合成大赛和国际语音识别大赛中均荣获第一名。

目前科大讯飞公司虽然不是研发输入法的公司里规模最大的，但却是中文语音识别领域实力最强的公司。科大讯飞技术产品占据了中文语音主流市场 70% 以上的份额，讯飞开放平台的用户总数是 8.9 亿，月活跃用户数已经超过 2.36 亿，日交互次数突破 30 亿人次。合作伙伴已超过 40000 家，包括腾讯 QQ、小米、华为、新浪微博、58 同城、携程旅行、高德地图、滴滴打车等各类应用。

讯飞随声译：外语很简单

除了能够准确识别中文、英文以外，讯飞输入法还能够识别 22 种方言，即便你的普通话不标准，甚至你讲方言，也可以通过大数据给出正确的文字识别结果。

更棒的是，讯飞输入法还提供了中英互译和中译日、中译韩的功能。也就是说，你对着手机讲中文，屏幕上可以直接出来你需要的英文、日文或韩文。

并且讯飞输入法在口语翻译领域已经达到大学英语六级口语水平，改写汉英、英汉翻译历来被日本和美国垄断的历史。

2016 年 11 月 15 日美国国家标准技术研究院（NIST）举办全球人工智能大赛，科大讯飞一举拿下全球第一名。

讯飞翻译机：让翻译员失业

除了软件之外，科大讯飞公司还生产了翻译硬件——晓译翻译机，以提供更丰富的使用场景。有了它，英文水平有限的你和一个不会说中文的美国人也可以愉快地交流。甚至2016年3月的“两会”期间，李克强总理都对它赞不绝口。

看来今后翻译员更难找工作了！

科大讯飞公司就是依靠把语音转化为文字这个功能做到极致，并远超对手，让用户看到就“Wow”+“Now”，从而能够在强手林立的输入法市场赢得用户。

科大讯飞发布会现场演示
（扫码，观看视频）

第三节　PocketPhoto：能放进口袋的打印机

现在大家经常用手机拍照片，但通常不会把照片冲印出来，因为冲印过程比较麻烦。而有些人希望拍照片后能立刻冲洗出来。这样的需求太小了，做打印机的大公司如惠普、佳能、爱普生等都放弃了这个细分市场。

打印机行业里面的“小公司”LG做了一款口袋照片打印机——PocketPhoto，这款打印机能满足大家的需求。它能通过蓝牙、NFC等无线功能，无线打印智能手机、笔记本电脑、平板电脑、数码相机等设备中的照片。在打印之前，它还能在手机配套软件里面先美颜，甚至能贴上一个包含你要的信息的二维码（比如你的二维码名片。关于二维码名片、二维码链接的工具，本书的最后一章会特别讲一下）。与拍立得相机相比，它更加人性化：拍立得相机是拍了马上打印出来，用户不能选择具体打印哪一张；而PocketPhoto可以事先修图并选择自己喜欢的图片进行打印，照片亦可以打印多份与好友尽情分享。

这款打印机小巧、易携带，可以放到裤兜里面，打印出来的照片大小，也正好能放在钱包的透明照片格里面。不过这款打印机价格不低，优惠价为900多元，并且打印成本很高，一张热敏感的小照片相纸需要3元钱。

会有消费者购买这款产品吗？根据京东商城显示的销量来看，销售情况挺好。更重要的是，相纸是易耗品，需要反复购买。想必这款产品的利润应该是很好的。

正如不是所有人都会买苹果手机一样，只有一小部分人会买这个玩意儿，对于他们来说，这是一个值得炫耀的“神器”。

本来打印机市场已经非常成熟，市场格局也已经固定，基本由几个大公司瓜分，LG 这样的后起之秀很难在传统的打印机市场取得市场份额。但是 LG 通过一个大公司看不上的细分市场和产品，在“即时打印”这个需求点上做到极致,戳中用户的“痛点”和“痒点”,确实符合了极致思维的“Wow”和“Now”，因此在打印机的细分市场，LG 也就有了一席之地。当看到这个产品的介绍时，我也忍不住买了一个。

LG 口袋照片打印机为什么能热销
（扫码，转到喜马拉雅 FM 收听课程语音；荔枝、蜻蜓 FM 搜索“万建峰”即可同步收听）

过去我们强调要把鸡蛋放在不同的篮子里,以规避风险。而在互联网时代，可以把鸡蛋放到一个篮子里面，就是把一个产品做到极致从而占领一个细分市场而获得用户。

这个案例，让我想起了一句话：恐龙虽然强大，但蚂蚁也能有自己的极致活法。

第四节　手机镜头：不是我们变懒，而是手机变强了

讲到摄影，最常见的专业设备是单反相机。但是现在外出旅游，愿意携带单反相机的人越来越少了。为什么？因为太重了！而另外一个原因，是手机配备的镜头像素越来越高，完全可以满足普通人的拍摄要求。

但是，有没有这样的用户：不想背着单反相机，但对于手机拍摄的效果还不太满意，想要用手机拍出大片的效果。

答案是：有这样的人，数量还不少！

玩过单反的人都知道远距离景物拍摄用长焦镜头，大幅面的集体照、大跨度的建筑物等要用广角镜头，拍近距离的景物小细节用微距镜头，甚至还有专门拍摄人物的定焦人像镜头和突出中心的鱼眼镜头等。

手机厂商很难满足这些专业摄影人士的各种要求，即便是苹果手机，从简约角度来看，也没有必要满足用户的所有要求。

精明的制造商看准这个细分需求，特别制作了长焦、微距、广角、鱼眼等外置手机镜头。外置手机镜头推出几年后，随着手机镜头品质的提升，其销量大增。同时，2015 年移动电商崛起，微商等对于产品的拍摄更强调即时性和便捷性，又不愿意支付昂贵的拍摄专业级的产品照片的费用（因为手机浏览对照片的分辨率不像 PC 端那么高，而且微店销售的产品也不像淘宝爆款那么数量巨大），所以微店卖家倾向于用更低的价格来拍摄一张产品的好照片。需求产品细节的照片效果佳，就能引发浏览者的购买欲，所以卖家对于外置微距镜头的需求量就大大增加了。

我也购买了各种手机镜头，某次入住某酒店时发现阳台上有一只蜥蜴，我用微距镜头拍下了它，图片非常细致、清晰。

手机自带镜头下的小蜥蜴

超广角微距镜头
（扫码可购买）

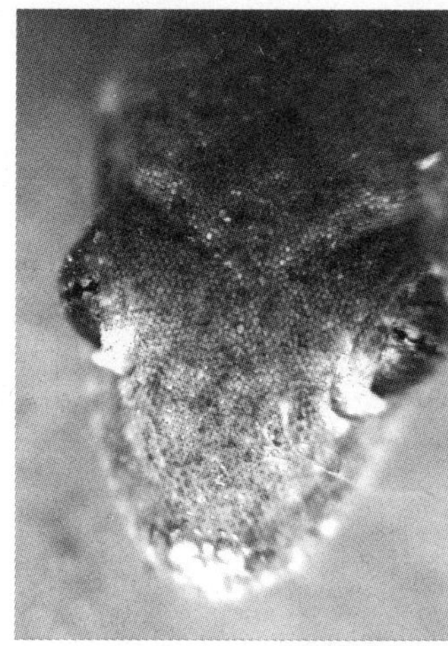

微距镜头下的小蜥蜴，鳞片也看得见，效果惊人

原本摄影镜头行业里面的品牌有很多，最老牌的是蔡司（当然蔡司品牌的镜头目前还是一流的），其次是佳能、尼康。从表面看，镜头市场应该没有太多机会了，但是我国企业在细分的手机镜头这个市场发现了商机，并实现单点突破，最终获得了市场认可。

第五节　万老师：做到极致才能实现价值定价

衡量产品最关键的是价值。你能帮助用户解决什么问题，这就是帮用户实现的一个价值。那怎么衡量价值呢？

价值衡量只有两种方式：一是用户愿不愿意为你真正付出时间，比如流行的网络游戏，对游戏爱好者来说，就是一种价值。另外一个是用户是否愿意为你真正付出金钱，比如有人愿意花几万元甚至几十万元买一个包包，这也是一种价值。

在这个过程中，没有人关注产品的成本，而只关注为自己带来的价值，这就是价值定价。

而成本定价，在大众产品上体现得更多，用户关心的是性价比，对价格更为敏感。

“死磕”做产品：在某一个点上把产品做到极致，实现单点突破，从奢侈品到手机上的各款 App 应用，无一不是遵从极致理念。

唯有如此，才能真正摆脱成本定价，实现价值定价，从而得到高利润回报。

做人也一样，尽管这个时代需要综合能力更强的人才，但是你在某方面有过人之处，这也能让你的人生更精彩。

我们说的“一招鲜，吃遍天”“一针捅破天”，不就是这个意思吗？！

只是互联网时代这个“一招鲜”的现象演绎得更为普遍和常见了。

第6章

迭代，每天进步一点点

小学教室里常常贴着这样的标语：好好学习，天天向上。

“天天”两个字告诉我们：进步是微小的变化积累的。

古人云“不积跬步，无以至千里”，告诉我们进步是需要持续的。

为什么苹果公司的产品要按 iPod 到 iTouch 到 iPhone 到 iPad 这样的顺序出现？

人们为什么要购买新款？

小米为什么能在大牌如云的市场中取得成功？

第一节　迭代推动消费：iPhone 7 人像拍摄带来新销量

迭代：新款带来新销量

手机的雏形来自摩托罗拉公司。在第二次世界大战期间，摩托罗拉公司为美国军方提供了著名的军用步话机 SCR–536，直到 1973 年手机发明者马丁·库帕（Martin Cooper）注册专利，随后手机经过多次迭代，才真正进入大众生活。

iPhone 诞生于 2007 年。第一代 iPhone 由苹果公司 CEO 乔布斯先生于 2007 年 1 月 9 日在旧金山马士孔尼会展中心的苹果公司全球软件开发者年会上正式发布，直至 2017 年推出的 iPhone 8 和 X 系列，加上 2018 年推出的 iPhone XR，苹果一共推出了 21 款 iPhone，苹果公司的硬件厂商迭代的速度是一年一次，每一款新上市的苹果手机都是大量的迭代。

iPhone 4 到 iPhone 5 有小小的改变，到了 iPhone 6 就有了巨大的变化，即开始提供大屏幕的 iPhone 6 Plus。

每一次苹果公司发布新款产品，甚至推出一款新的颜色，都会引发粉丝们的狂热购买。2017 年 3 月 21 日，在苹果公司春季新品发布会上，苹果公司推出了一款拥有动人红色外观的特别版 iPhone 7 和 iPhone 7 Plus，造成了在线商店 Apple Store 瘫痪和门店大量用户排队购买。

iPhone 7 Plus：最打动我的是人像模式

iPhone 7 Plus 的出现，让 iPhone 的体验在许多方面都有了质的飞跃：先进的双摄像头系统，更胜以往的性能和电池续航力，富有沉浸感的立体声扬声器，色彩更明亮丰富的 iPhone 显示屏，以及防溅抗水的特性。

记得当时我看了 iPhone 7 Plus 的介绍，有许多的技术参数和新功能，其中的一个功能打动了我，那就是在拍照的时候可以用“人像模式”：可自动生成景深效果，在保持面部清晰的同时，营造出柔美的模糊背景。

这种被称为“焦外虚化”的效果，往往需要用单反相机并具备一定摄影技巧才能实现，想不到苹果手机这么简单就实现了。

iPhone 7 Plus 摄像头系统提供两个新的镜头，除了有一个与 iPhone 7 相同的 1200 万像素广角镜头外，还搭配一个可将景物拉得更近的 1200 万像素长焦镜头，结合先进的机器学习技术，让用户可以从更远的距离进行更高画质的变焦。

迭代思维：每天进步一点点，iPhone 人像拍摄模式带来新销量
（扫码，转到喜马拉雅 FM 收听课程语音；荔枝、蜻蜓 FM 搜索“万建峰”即可同步收听）

在使用苹果手机的过程中有一个“痛点”：iPhone 7 的屏幕太小，而 iPhone 7 Plus 的屏幕虽够大，但拿在手里却不方便，有时需要双手操作。2017 年推出的 iPhone X 解决了这一问题，它取消了底部唯一的圆形按钮和边框，真正实现了全屏播放，屏幕尺寸超过了 iPhone 7 Plus，而整体尺寸却减小了，拿在手里单手操作刚刚好。

当然，iPhone X 的全新设计，搭载色彩锐利的 OLED 屏幕，配备升级后的相机，使用 3D 面部识别（Face ID）传感器解锁手机，支持 AirPower（空中能量）无线充电，也深深吸引了我。于是我又换成了 iPhone X。这个就是迭代产生的购买需求。

纵观苹果的移动产品，从最初的 iPod 到现在的 iPhone，其中有一个线索值得关注：

iPod 只能听音乐；

iPod+ 屏幕 =iTouch，触摸屏，能听音乐、看视频；

iTouch+ 通信 =iPhone，触摸屏，能听音乐、看视频、打电话，有各种 App 应用程序；

iPhone+ 大屏幕 =iPad！

通过这样的设计线索，“迭代”的含义是不是就更加明显了。

迭代的本质，符合一个公式：

$$\begin{cases} 1.01^{365}=37.8 \\ 0.99^{365}=0.03 \end{cases} \quad \text{（等式 1）}$$

如果等式 1 告诉我们：积跬步以至千里，积怠惰以至深渊；

$$\begin{cases} 1.02^{365}=1377.4 \\ 0.98^{365}=0.0006 \end{cases} \quad \text{（等式 2）}$$

那么等式 2 告诉我们：只比你努力一点的人，一段时间后就能甩你很远。

古人云：不进则退；不积跬步，无以至千里。

这就是**迭代思维**，每天进步一点点，走小步，不停步，积累的效果是很巨大的。

互联网时代迭代更有价值

迭代思维更符合这个互联网碎片化时代的需求。

因为用户对商家提供产品和服务的速度要求比较高，对某些细小部分的功能要求比较高。

事实上，这个时代物质非常丰富，用户对产品和服务的追求已经超越对基本功能的追求。比如：对手机的追求，不是牢固耐用；对电脑的追求，不是稳定坚固；对服装的追求，不是牢固耐洗；对游戏的追求，不只是好玩有趣……

我们经常听到的一个词是“新款”，说明如果某个功能、某个设计、某个颜色、某个尺寸、某个价格符合用户的个性需求，用户就会为之买单。

我们有时候更换手机是因为新款手机具有某个功能，买更多的衣服是因为不同场景的搭配需求，所以每一个行业都有更新迭代，电子产品、软件、服装、鞋子等经常需要更新迭代。

比如服装品牌 Zara，它发展的速度非常快。它的成功秘诀只有一个字：快。Zara 公司从完成服装设计到柜台销售只需要 3 天，而一般的服装设计公司在这个过程中的跨度需要 3 个月。

百度百科：Zara公司的发展经历

Zara 公司依靠快速迭代，实现了与传统服装行业的差异化竞争。

在互联网中，更新最快的当然是各种软件公司，比如 360 杀毒软件，还有各种手机 App 应用程序。当然，提供快速更新的还有游戏。

比如 Zynga，这是一家著名的游戏公司，但是这家游戏公司并不是以独立形式存在的。它的游戏发布于 Facebook 以及 Myspace 等社交网站，所以这些社交网站的用户可以玩它的游戏。Zynga 把游戏产品当作互联网产品快速经营：快速推出产品并以更快的速度对产品进行维护和更新。尽管大多数公司都知道需要维护更新游戏、修复漏洞、保持用户新鲜感，但鲜有公司像

Zynga 一样，每周对游戏进行数次更新。

我在前面的章节反复说到**海量的头部基础用户的重要性**，Zynga 正因为跟 Facebook 产生了非常好的合作关系，才瞬间拥有了 Facebook 的海量头部用户，所以它的迭代就有规模效应。

微信上推出的第一个游戏是《飞机大战》。其实这个游戏很久以前就存在，**但是在微信推出之前很多用户都把它遗忘了，而一经微信推出，它又立刻火遍全国。这是为什么呢?**

这是因为这款游戏利用微信产生了一个非常好的连接点！这款游戏在瞬间拥有了微信海量的头部用户后，它就有能力、有价值去做迭代更新。

2017 年，手游行业有一款极其热门的游戏，那就是《王者荣耀》。根据腾讯公司 2017 年一季度财报显示，这款日活跃用户数 5000 万，一季度每月流水高达 30 亿元，光靠卖游戏角色的“皮肤”就日入 1.5 亿元。

其实，游戏如何盈利是老生常谈的问题，有的游戏选择一次性买断付费，有的游戏靠内嵌广告获得收益，有的游戏选择游戏内道具、升级付费等获得收益，不管哪种盈利模式，现在的游戏产业只有一点是不变的，那就是不断升级迭代，满足用户不断提升的需求。

第二节　破坏性创造：小米就是不能和苹果一样好

高配置低价格，低门槛引入客户

小米在开始做手机的时候，可谓强手林立，有国外品牌苹果、三星，有平价的国产品牌，还有大量的低价格的山寨手机，每个层级的手机品牌都对应了这个层级的消费者，不管从哪个角度看，在这个时候杀入手机市场，都是不明智的选择。

但是市场总会有间隙（利基市场）。当时国外品牌如苹果、三星、诺基亚、索尼等，硬件配置高，设计新颖，质量好，确实吸引了不少的用户。然而还有大量的用户觉得苹果、三星产品虽然不错，但价格定位偏高，只能退而求其次做一个“有限范围内的无奈选择”。用户真正的想法是要一台“性能高但价格能接受”的手机。

事实上，像苹果那么大的公司，目前市场占有率也不超过 30%，这就为小米的发展预留了大量的市场空间。

所以小米在产品定位上强化手机性能，比如采用双核处理器，在产品代工以及研发方面都堪称一流。小米手机具备双核、大屏、信号好、大电池等四大特点，尽管与市场上的苹果、三星手机还是有差距， 但是用低于苹果、三星的价格买到高配置的小米手机，已经超过了用户的预期。

小米手机考虑到国人思维定式严重，在国产手机 Android 系统扎堆的情况下，要抢占市场份额必须走最险的“低价”策略，所以小米手机的定价只有

1999 元。这对于那些热衷于使用智能手机，以及想要使用智能手机，但考虑到现有智能手机价格太贵的消费者而言是具有极大吸引力的。

这种高配（一直采用性能出色的双核处理器）低价的模式，本身就是一种营销方式，它传递一种**物超所值**的信号。

这种“高配置＋低价格”的模式，重新定义了手机行业的销售模式，即对顶级品牌靠价格取胜，对低端市场靠性能品质取胜。这是其他企业目前为止难以复制的。

手机发烧友，细分市场的精准用户

小米手机圈定其源点人群：手机发烧友。

人群年龄界定在 25 ～ 35 岁。这类人群有一个共同的特点：经济独立，处于事业的发展期，消费具有时尚性和超前性，能很快地适应新的东西，能理解互联网商业模式，热衷于使用智能手机，但又因考虑现有智能手机市场价格太贵而没有购买。因而小米发现以“专为手机发烧友研发”的身份出现，更容易赢得这些“专业人士”的好感，快速形成消费，再借手机发烧友的“专业身份”向目标消费者宣传，以此更容易走入目标消费者的视野，达成其最终目的。

“为发烧而生”，以“互联网手机”作为切入点，小米首创用互联网模式开发手机操作系统、60 万发烧友参与开发与迭代改进的模式，让小米成为互联网手机品类的代名词，增加品牌认同感。

同时，小米还通过网购手机的方式降低用户的时间成本（挑选手机品牌和款式的时间）、体力成本（送货上门，无需耗费体力到现场购买）和精力成本（免去挑选烦恼）。

所有的努力带来了可喜的市场表现：小米手机仅在预售的第一天，就有 30 万人预定！在 2011 年上市后短时间就取得了不俗的业绩。目前小米是手机行业的一个大品牌。

低门槛获取用户并不断迭代：小米破坏性创新

美国哈佛商学院著名教授克莱顿·克里斯坦森在其杰作《创新者的解答》中提出了**破坏性创新**的实施路径：破坏性创新者不会去尝试为现有的市场客户提供更好的产品，他们更倾向于通过引入稍逊一筹的产品或服务来破坏和重新定义当前市场。

新市场破坏性产品，本身从价格上容易让用户接受，产品也易于使用，因此，他们就会很轻松地创造一个全新的使用人群。

历史上也有很多这样的案例，比如索尼公司生产的风靡全世界的Walkman随身听，就是新市场破坏性创新产品：这些客户全都是新客户，第一次感受到了音乐可以随时随地伴随自己，而不必购买巨大的播放设备在特定的空间内欣赏音乐，并且整个花费只有一套音响的几十分之一。

个人电脑的发明和流行，也是个绝好案例。因为最早的电脑都是存在于大公司电脑机房的大型商用机器，而个人电脑PC机的出现，产生了一个先前从未存在的家庭电脑和个人电脑的市场。这就是一种新市场破坏性产品，人们能够用这种个人电脑便利地在办公室或者家庭完成设计、文字工作，而不需要请专业技术人员代为完成这类工作。

新市场破坏者们面临的挑战不是要攻克市场领先者，而是如何使新的价值去争取到原来市场里面“零消费”的人群。在手机市场，简单说就是除了苹果占有的30%以外，剩余70%的广大市场是小米的目标市场。

小米进军智能手机市场，不是直接和苹果、三星争抢高价智能手机用户，而是以高性价比使得几千万从未使用过智能手机的人群成为智能手机的新用户，这是“零消费”策略的典型案例。

小米也不是像克里斯坦森所说的简单地做个“稍逊一筹”的产品。雷军曾说过，小米在产品上先做“单点突破”，再做迭代更新。

小米的产品升级历程和成为全球第三大智能手机厂商的现实，说明小米所做的一切，从性能、价格、产品开发和购买方式上，都极大降低了用户的进入门槛，形成了海量的头部用户效应，短时间内吸引了大量的用户进入（通过低门槛的方式让用户进入，比如低价、免费甚至是补贴的方式），当大量用户参与以后，不断迭代，不断进步，在每个阶段超过客户的预期，你就成功了。

这也符合克里斯坦森的另一论断：破坏性创新产品一旦在新市场或低端市场站稳脚跟，就会开始启动其自身的改良周期。**因为技术进步的步伐总是远远超过客户的实际使用能力**，那么这些当前“不够成熟”的技术反而在通过改良后，最终恰好能契合更高级别客户的实际需求。

这样一来，破坏者就走上了一条最终打败先行者的道路，业内领头羊往往能通过延续性创新来赢得市场。但是在破坏性创新的战斗中，胜者多是新手。对于想要创立新成长业务的创新者来说，这个区别十分重要。

这个过程也非常符合万老师说的，就是一定要通过降低客户进入的门槛，快速获取海量的头部用户，接着才有可能获取精准度很高的高价值用户，可见获取头部用户是多么重要啊！

如果小米从刚开始就纯粹按照市场最高标准：用最好的原材料，最高的配置制造手机，反过来他又做不到最高的价格，那么试想，同样配置和价格，用户怎么会买小米呢？最终结果是该买苹果的还是买苹果，买不起苹果的也买不起小米，失败的概率就上升了。

说到底，小米就是依靠低门槛进入的策略，初期就获取了海量的头部基础用户，接着依靠不断迭代稳定用户，在每个阶段都超越用户的需求，从而获得市场，获得用户，获得利润。

可见，**如果做产品做不到最好，那么刚开始的时候也没必要做到最好；迭代，不仅是一个设计改进的方法，也是获取市场的一个重要方法！**

小米是利用迭代建立市场并取得成功的经典案例，值得我们学习。

第三节　万老师：不用很厉害了才开始，其实开始了就很厉害

进步是件大事，是不是要精心准备好一切才能开始？根本不用！马云曾说过：“市场有需求我就做了，如果我不做，有可能机会就是别人的。”所以，人生不用总是做那么多准备，想开始就开始，可以一边做一边修正。否则等到完全准备好的时候，趋势过了，就是出局的时候了！

如果完全准备好才开始，就不会有成功的阿里巴巴和马云；

如果等到真的能超过苹果以后才开始，就不可能有今天成功的小米！

当然，现在已经有很多成功的企业在你前面，好比“胯下赤兔马，手持青龙偃月刀”的关羽，已经成名、成功了，如果你还是用同样的装备、走同样的路径，即便成为关羽，也是第二。

这个时代更加不用“关羽门前舞大刀”，因为可以选择的道路众多，既然关云长已经在“宝刀良驹”的路上后无来者，那么我们就换个武器，换个坐骑，看看能不能在另外的跑道取得成功。

比如，美团开始互联网打车业务的理由是，总有人不喜欢第一名！

所以，开始的门槛低一点，不用很厉害了才开始，其实开始了就很厉害！

随时都可以开始的进步，说明快速比完美更重要！才叫迭代！

随时都在进行的进步，说明小改进比大提升更实在！才叫迭代！

又要积累，又要持续，这就是“迭代”的含义所在。

第7章 得流量者，得天下

改革开放以来，我国经济实现了持续快速增长。除了科技进步、配套政策到位等原因，人口红利是重要的支撑。

人口红利的本质，就是我国的13.9亿人口，为海量的基础头部用户提供了巨大空间，里面可以细分出无数个精准需求人群，而且每个群体数量还很大。

面对那么大的用户基数，如何在茫茫人海中找到那些愿意付钱给你，购买你产品或者服务的人呢？是直接找到愿意付钱给你的几个人，还是先找找可能付钱给你的整个人群？

第一节　找对流量：90 后女孩如何用声音赚钱

目光聚集之处，金钱必将追随

有句话流传甚广：在传统行业，大品牌、大明星、大导演、大制作是抓住用户的目光的最好办法。比如邀请明星代言，其实明星并不能直接带来销售，但是明星自带光环，自带流量，付给明星代言费买的实际上是明星带来的流量。

根据万老师的“出现理论”，流量思维就是想办法抓到海量的头部用户，先证明自己存在，接着才有机会证明自己优秀。

比如谷歌和百度依靠基于搜索的各种免费服务，获取了互联网海量的用户，这些用户本身不产生效益，但巨大的流量带来的广告收益却是源源不断的。

这说明互联网的技术仅是一个方面，更重要的是，很多成功的互联网企业的核心价值不是技术，而是他们有吸引用户、黏住用户的能力。

只要拥有了流量，接着就有机会在海量的客户里面找到绝对数量足够的用户（客户变用户），实现价值，获取利润。

声音也能变现

有了这个理念，就能够把一些小众的产品和服务，甚至在传统市场里面没办法商品化的内容，变成一个生意，比如声音！

有一个女孩，90 后，颜值不高，学历不高，也没有社会背景，在一个小的社区当讲解员，工资3000元/月。她有一个爱好——喜欢讲话，并且是个段子手，但是只能在与朋友们聚会的时候展现这个才能。

如果时光倒退十年，她的这个爱好是无法在传统的商业里面把它变现的。她在业余时间发现了喜马拉雅FM平台，当时这个平台处于起步阶段，她便在平台上开一个频道，至少可以自娱自乐。

结果令她自己也没想到：由于她的勤奋和搞笑能力，伴随着喜马拉雅FM这样的国内音频分享平台的崛起，开播短短6个月，她募集到了60万粉丝。之后她在喜马拉雅FM的音频频道上每个月的贴片广告收入就超过10万元，她的人生轨迹彻底改变了（参考阅读本书第11章中两个草根逆袭的故事）。

这个女孩成功的故事告诉我们：如果你有流量意识，为你的优质内容找到一个大流量的来源，就有可能把原来根本不起眼的特长、爱好变现。

万老师当然也把上课的音频放在各大主流的音频分享平台，比如喜马拉雅FM、荔枝、蜻蜓FM等。这些音频本身未必能实现盈利，但这些平台可以带来大流量的听众。

流量思维：抓住大部分用户，90后女孩如何用声音赚钱（扫码，转到喜马拉雅FM收听课程语音；荔枝、蜻蜓FM搜索“万建峰”即可同步收听）

颜值也能变现

随着手机性能提升和移动带宽的提速，短视频和直播成为主流，通过手机+WiFi就能实现全球直播。

主播的颜值是吸引观众的“利器”。有一些网红成功实现了流量变现，比如张大奕。她曾经是一名普通的平面模特，但通过直播来销售服装，创造了2小时销售近2000万元的销售额，超过一些服装旗舰店一年的销售量。

以至 2016 年，天猫双十一也首次引入网红直播销售的模式。有一个非常重要的概念叫 IP，IP 本意是知识产权，那么现在网络上的 IP 就衍生为一段故事或者是一个形象。比如说，罗振宇是个大 IP，罗振宇本身的人物形象所代表的内容就成为热门的知识产权。当然他也出售各类产品，其中最重要的是和罗振宇本身的 IP 特质相符的产品，比如图书等知识类产品。所以互联网的 IP 就是一个自带流量的网红。

第二节　背靠流量大树：小软件也能实现高收益

小软件也能实现高收益

苹果公司的在线软件平台——App Store 拥有海量精选的移动 App，这些软件绝大部分不是由 Apple 开发的，而是由第三方开发者为 iPhone 量身设计的。这样做的意义在于避免了作为软件开发公司在稳定性和多样性之间难以兼顾的问题。比如微软公司，只注重操作系统和办公软件系统。

App Store 的意义在于为第三方软件提供一个方便又高效的销售平台，极大地激发了第三方软件的提供者参与的积极性，并适应了手机用户对个性化软件的需求，采用低门槛进入的设计。尽管 App Store 上的软件有一部分是收费的，但是仍有大量的基础软件是不收费的。

有一个带有传奇色彩的程序员，他是俄罗斯裔美国人，是一个三流的程序编辑员，因为能力太差被公司解雇了，而且婚姻不幸福，离婚后独自带一个孩子生活。

某天这个程序员在家给孩子洗澡的时候，看到镜子玻璃起雾了，他的第一个反应是用手指在镜子上写写画画，然后看着水蒸气凝结的水珠滚落。他突然灵光乍现，花了三天开发了一个小屏幕保护程序——iSteam（steam 的意思是水蒸气），抱着试试看的心态，放在了刚刚流行的苹果公司 App Store 上，售价为 99 美分。iSteam 是一个搞怪软件，你可以选择任何一个背景，屏幕会出现一层水雾，就像浴室的镜子或者冬天的窗户，而且用手擦过会有仿真的声音和痕迹，可以看到逼真的水珠在屏幕上滚动的画面。

令他没有想到的是，由于这个软件简单易用，并且激发了用户的童心，当时在全球 4 亿苹果用户（现在已经有 8 亿）中，有相当多的人愿意支付 99 美分下载这个“没用”的软件来玩玩。这个小软件当月在 App Store 上排名靠前，第一个月就有 150 万用户下载了他的屏保！按苹果公司的规定：三七分成，开发者拿七成，他第一个月的收入是 100 万美元。

这个现实世界的失败者只因一个小小的举动，恰好符合了流量思维的本质，找到一个大流量的渠道，来获取小部分用户的青睐。

从此以后他一门心思开发系列软件，这个最初版的屏保程序成为免费的引流款，因为后面还有更好玩的收费版本。

目前这个软件在苹果平台上已经下架了，但是在安卓市场里还有，有兴趣的朋友可以下载。

小小表情包，也是大生意

2016 年 8 月 9 日，傅园慧在里约奥运会女子 100 米仰泳决赛中以 58 秒 76 的成绩并列第三夺得铜牌。傅园慧在赛后接受采访时说的每一句话都出人意料，每一帧表情画面都是天然表情包，她用“洪荒之力”表示自己没有保留，用“对今天的成绩很满意”表示“对明天的比赛没有充满希望”，随后傅园慧在网络上走红，成了一名奥运网红。

三天之内，傅园慧的表情包就被上传到微信表情包中，成为当红的表情包，众多网友付费下载。

微信表情包在初期以 6 元 / 套收费，凭借微信的海量头部用户，每个表情包收入都上百万元，以至于专门有人成立公司，设计表情包。

当然，随着开发者和用户的增加，聪明的微信也把它设计成一个开放的第三方市场，叫微信表情开放平台，采用打赏的方式让用户支付表情包费用，进一步降低了用户进入的门槛。

在日本有一款热门的社交软件叫 Line，除了传统的通讯、内容、广告三部分收入外，依靠表情贴纸业务，2015 年总收入达 2.68 亿美元。据统计，在 Line 每 10 条发送的消息中，就有一条是表情贴纸。Line 的表情贴纸有一个特点，即除了它自造的一批萌系表情 IP 外，无论是三丽鸥的 Hello Kitty、懒蛋蛋等日本国民动漫形象，还是迪士尼的《疯狂动物城》《超能陆战队》《海贼王》《银魂》《进击的巨人》等当下热门日漫，都能在 Line 上找到相应的主题贴图，所以仅日本用户就非常乐意购买每套约 12 元人民币的表情包。

这些软件虽小，销售额却高，但是如果没有苹果公司庞大的用户群，靠这个三流程序员，恐怕一辈子都卖不出 100 套。傅园慧的表情包再可爱，如果没有微信 9 亿的用户群，恐怕也很难快速走红和实现收入。

可见，互联网产品快速成功的背后一定要有一个海量的流量作为基础，而拥有这个流量的平台才是真正的王者。

自己开发 App，是否可行

对一般的企业，建议是不要轻易开发 App，因为开发 App 的投入尽管有限，但推广 App 的成本很高！

移动互联网发展到现在，App 的数量已经非常多，从 App 下载排行榜上看出，90% 的流量已经集中在 BAT 三家公司开发的 App 上，所以其他 App 出现的机会极其渺茫。即便是当年红极一时的明星产品，比如前文讲的“iSteam”，如果在当前市场推出，也不太可能有机会成功。尽管你有好的产品、好的服务、好的 App 内容，也很难有机会出现在用户面前，而“不出现 = 不存在”。

第三节　罗振宇：轻松盈利的背后凭借的是辛苦积累的流量

罗振宇是近几年知识界的名人，粉丝称他为“罗胖子”。他曾经是中央电视台制片人，后来辞职创办了知识类的自媒体。2012 年底，罗振宇与独立新媒创始人申音合作打造一档知识型视频脱口秀《罗辑思维》。半年内，这款互联网自媒体视频产品，逐渐延伸成长为全新的互联网社群品牌。

百度百科：罗辑思维

目前《罗辑思维》的发布渠道包括微信公众号、知识类脱口秀视频节目《罗辑思维》、知识服务App“得到”。根据其团队公开数据显示，“得到”App在 2016 年 5 月发布后的 1 年内营收超 1 亿元，2 年多时间里用户数量达到 2000 万。

《十三邀》：许知远对话罗振宇（罗胖子为什么要创办《罗辑思维》，腾讯视频）

毫无疑问，作为知识服务商和运营商，罗振宇的《罗辑思维》取得了巨大的成功。

罗振宇的成功，关键在于《罗辑思维》采用了一系列的方法获得了宝贵的“流量”！

流量获取的关键：低门槛

截至 2018 年 7 月，根据工信部发布的数据显示，目前在我国有 6.2 亿部智能手机，每人每天使用手机的时间是 3 个小时。3 个小时意味着一天中，你有八分之一的时间在手机面前。除了联络工作和亲朋，你用手机做什么呢？什么吸引了你？是内容。

尽管用户在线时间越来越长，但是身处互联网内容和产品极丰富的时代，用户注意力彻底碎片化，用户的注意力也越来越宝贵，获取难度也越来越高，所以互联网内容的竞争也更加激烈。

获取流量（用户）重要的一个方法，是降低产品的门槛，让用户轻松、简单、方便地使用你的产品和服务。

《罗辑思维》最基本的服务内容，就是每天早上六点半，在微信公众号上进行 60 秒的语音免费推送，从不间断。用户获得这个内容，既简单又免费，有人天天听，也有人一次连续播放好几天的内容，还可以通过关键字索取深度的文章和内容。为什么是微信公众号呢？因为微信在移动端用户基数是最大的。

《罗辑思维》还在优酷每周一次的免费视频和喜马拉雅 FM 同步的免费音频，持续四年，直到 2017 年 3 月宣布调整所有的免费音视频内容以及收费栏目全部通过“得到”App 发布。

这些传播和收听的渠道，全部通过互联网，特别是手机移动端完成。用户可以根据自己的需求，随时随地通过手机获取内容，即实现了**产品渠道低门槛**。

罗振宇讲的内容涉及历史、管理、典故，横跨中西，纵横古今，面向普通大众，其中既有搞笑的，也有沉重反思的，既有展望未来的，也有落地实用的，也就是现在流行的不烧脑“轻知识”的类型，即实现了**产品内容低门槛**。

国内有一位老师叫于丹，她在中央电视台《百家讲坛》栏目主讲《论语》，取得了巨大的社会反响。虽然有部分专家在事后评论她讲得“不专业”，甚至曲解了《论语》的精髓,但是并不妨碍“于丹说论语”在广大观众中受到欢迎，甚至一度掀起了《论语》的学习热潮。

罗振宇免费发布的内容特别注重知识实用化和通俗化，因此广受普通民众的追捧。罗振宇把知识实用化、平民化，大大降低了普通用户对于各方面知识的获取门槛，其语言轻松诙谐，甚至有些观点跟主流课堂完全不同。比如我听了罗胖子讲述的关于慈禧的故事，颠覆了对于慈禧这个“反面人物”的评价，让我对慈禧这个人物更多一丝怜悯、惋惜和理解。

《罗辑思维》在产品内容设计上的平民化，注定了客户层级的多样化，覆盖面极广，既有针对中产阶级的管理学、哲学和经济学，也有适合茶余饭后收听的古今传奇故事。收听《罗辑思维》的用户，既不用担心自己的程度不够而听不懂，也不用担心自己程度太高而找不到感兴趣的内容。这让我想起了孔夫子的一句话——“有教无类”，也就是**用户进入低门槛**。

除了大量的免费内容,《罗辑思维》日常的产品价格最高的也不过几百元。与一般的培训机构和知识服务商相比，这个价格普遍可以接受。

盈利的关键：高精度、高价值和高利润

从 2012 年开播至 2017 年 3 月(后调整为只在“得到”App 上独家播放)，《罗辑思维》长视频脱口秀已积累播出了 204 集，在优酷、喜马拉雅 FM 等平台播放超过 10 亿人次，在互联网经济、创业创新、社会历史等领域制造了大量现象级话题。与之相伴的是《罗辑思维》自我成长为一个有号召力的互联网品牌，同时获取了稳定持续的海量用户关注，那就是“流量”！

在多年“免费”工作的基础上,作为商业公司,盈利肯定是一个重要的目标：

（1）精准图书推荐 + 销售。《罗辑思维》的日常内容中，总会不断推荐与节目的内容相关度很高的书籍,既有电子版也有纸质版。这种模式的好处在于：

首先，大体量的听众产生的购买者数量足够多；其次，这样精准的图书利润当然不菲（与本书第 1 章分析亚马逊利润的主要来源是一个道理，只是亚马逊是靠低价的热门书籍获取头部用户，而《罗辑思维》是靠低门槛的免费知识内容获取头部用户）。

（2）铁杆粉丝会员。2013 年 12 月 27 日，互联网知识型社群《罗辑思维》第二次招募“铁杆粉丝”，号称“史上最无理的会员召集”，唯一通道是微信支付，一天之内轻松募集 800 万元。

（3）跨年演讲盈利。2015 年 12 月 31 日，在北京的水立方，罗振宇做了第一场《罗辑思维》的跨年演讲，叫《时间的朋友》。这是他们第一次从大量的娱乐化人群中剥离出一部分人群，用知识消费的模式来跨年。2017 年深圳卫视买断了整个跨年演讲会的转播权，并且在当天晚上取得了全国卫视收视排名第一的成绩，实现了广告收入大丰收；同时成功实现了门票预售，而热情的粉丝们为此买单——99 张 40000 元的 20 年门票套餐一上线便售罄。

在 2018 年的 12 月 31 日的跨年演讲，更是获得了东风日产天籁等大牌企业的独家赞助。2018 年的跨年演讲，知名财经作家吴晓波先生加入了这个阵营，推出了“吴晓波年终秀”，得到了广泛的关注。

罗振宇：知识跨年“收视第一”背后，褒贬不一

不过大家对于跨年演讲的成功也有不少的看法，可以扫码看详细文章。

（4）“得到”App 盈利。2017 年以后，罗振宇宣布所有的视频和音频全部收费并推出“得到”App。这是《罗辑思维》在付费内容方面的重头项目，核心是引入多个知识服务者，把知识内容切割成一段一段的碎片化产品，以包

年的方式销售。

“得到”App 的推出，正式开启了知识付费的时代，成为知识付费的一个标志性事件。实际上罗振宇引领了一个时代的潮流，就是在阅读碎片化的环境下，用户对知识消费的可能性。

《罗辑思维》的设计，体现了低门槛≠没门槛的理念，用低门槛引入大量免费用户，用一定门槛筛选出足够量的付费用户并提供针对性较强的有效内容，根本原因在于互联网用户已不愿再为信息付钱，而愿意为有效知识付钱这个基本认知。

“得到”App 首批吸引了知名财经媒体人李翔等入驻，比如《李翔商业内参》，每天 10 分钟，一年付费 199 元（据称该栏目推出当天订阅总份数达 1 万份，总额达 200 万元）。

这种付费栏目的主要形式是主讲人用专业的方式把这些资料整理起来，然后用语音的方式传递给用户。我听了觉得挺有价值，并且收听方便，一年 199 元的价格很值得。

目前，“得到”App 付费订阅专栏数达 19 个，除《罗辑思维》罗振宇专栏定价 0 元外（可见罗振宇自己的内容，基本定位还是免费的引流款，毕竟大量的用户最初是冲着他而来的），其余 18 人专栏订阅费每人每年 199 元。

最典型的是《薛兆丰的北大经济学课》这个专栏，目前付费用户数超过 30 万，号称“全世界最大的经济学课堂”。

为什么能够做到 30 万人收听的成绩？引用薛兆丰老师的话也能很好地解释其中的原因：“有些人对碎片化学习喜欢冷嘲热讽，在他们看来，好像非自己专业的内容就不值得去关心，不是系统性的教科书或者论著就不值得去阅读，不能做到全脱产、心无旁骛，就没有必要去学习。这样的求学态度看起来高大上，但很容易走向封闭、僵化、懒惰和麻木。”

“其实只要回过头看就很清楚了，学位教育其实只占所有教育当中一个很小的比例。今天任何一个卓有成效的学术领域，其实都是过去一代一代的学者不断进行跨界研究和探索的结果，就连爱因斯坦的相对论，也是在他当专利局职员的时候，用碎片化时间完成的。”

“更重要的是，我们似乎还没有完全看清楚求知和进步之间的因果关系。很多人会关心，我现在学的东西能不能直接地帮助我进步，大家可能忽视了其因果关系，那就是那些本来就能进步的人，本来就不断向上的人，他们的天性就会去追求各种各样的知识。”

用罗振宇的话来总结：这不仅是一个专栏的里程碑，也是整个知识服务行业结出的最有标志性的果实。把意义说得更大一点，这也是一代人学习方式变革的标志性事件。

为什么会有 20 万人的经济学课堂（得到：薛兆丰老师讲述，内含语音）

很多知识分子确实也做到了知识收费，比如通过家教、授课或者出版售书等，但是收入的范围、对象、速度和金额完全不能和这种模式相比：罗振宇通过互联网获取了海量的基础流量，扩大了知识的传播范围，提高了筛选付费用户的能力，汇集了付费用户的收入。

罗振宇、《罗辑思维》、“得到”成功了，其实罗振宇在每个用户身上赚得并不多，但是基于大流量带来的大体量用户，碎片化的内容和碎片化的收入，加起来整体利润就非常可观了。

从表面上看，罗振宇的盈利非常容易，但往往越简单的模式越不容易复制。大部分人没有看到罗振宇“轻松收钱”的背后，是巨大的投入和努力换取的流量基础，这就是流量的作用及其价值。

个人成为爆品行不行？罗振宇就是爆品
（扫码，转到喜马拉雅 FM 收听课程语音；荔枝、蜻蜓 FM 搜索“万建峰”即可同步收听）

第四节　万老师：再小的个体都能找到自己的流量

流量思维的本质，就是先用低门槛（重视低利润的引流款产品的设计）获取海量用户，不断发布符合其细分需求的产品，不断激活与转化用户，让数量庞大的“小部分用户”付费，从而实现最终盈利的目标。

纵观整个商业发展历史，就是人类不断摆脱时间和空间的过程。

商业历史上获取客户的过程其实就是获取流量的过程。

开个小店做生意，是利用地理优势获取这条街的精准流量。

通过商品目录手册开展远程邮购，是利用了现代交通工具的力量远距离获取流量。

开个网店，就是利用互联网的优势，大范围低成本地获取客户。

所以需要强调的是：最近几年我们要重视微信和 QQ 的价值，特别是微信作为移动端的第一流量入口,有 9 亿的用户。微信作为一个开放性社交软件，原则上你可以加任何一个微信好友，这个特性就充满了想象力（反过来想想，加一个人的支付宝好友，恐怕是很难的事情）；而利用微信开展流量募集，原则上只要一个能上网的手机就足够了，也就是说，再小的个体，也能获得自己的流量来源。所以我们要有微信思维，目前利用微信营销手段来获取流量是一个最好的渠道和入口。

我曾经帮助一家社区的便利店设计了一个依靠四部手机的微信获取流量从而提升销售的小方案，十分奏效，居然实现了移动营销的最高目标：**客户不到店铺，成交不在柜台，支付不用收银，商品不在货架**。

后来这些方法也被用到社区水果店和洗衣店等各种夫妻小门店。大家可以扫码收听相应的课程音频。

引客到店带来销售，微信如何带来客源和销售额
（扫码，转到喜马拉雅 FM 收听课程语音；荔枝、蜻蜓 FM 搜索“万建峰”即可同步收听）

第8章

社会化，汇聚人的力量

所谓社会化思维，是指组织利用社会化工具、社会化媒体和社会化网络，重塑企业和用户的沟通关系，以及组织管理和商业运作模式的思维方式。

全球最大的出租车公司 Uber 没有一辆出租车！

全球最热门的媒体所有者 Facebook 没有一位内容制作人！

全球市值最高的零售商阿里巴巴没有一件商品库存！

全球最大的住宿服务提供商 Airbnb 没有任何房产！

在我国，为什么微信和 QQ 成了最受欢迎的社交工具？

第一节　碎片的力量：129 年的《纽约时报》与奥巴马的平民化总统募捐

129 年与 24 个月

创刊 129 年的《纽约时报》要把出版的文章全部变成电子版，请问应该怎么做?

按照传统的做法，就是把以前的文章一篇篇输入电脑。这样的做法需要花费大量金钱和时间，不但麻烦，而且错误率很高，还要专门安排工作人员去检查和校对。

一个科技公司承接了这项业务。在获得《纽约时报》所有文章的扫描件后，它把这个图片切片，做成一个第三方的提供验证码的服务，即我们在不同的网站上注册或者登录的时候经常要做的动作——填写验证码。

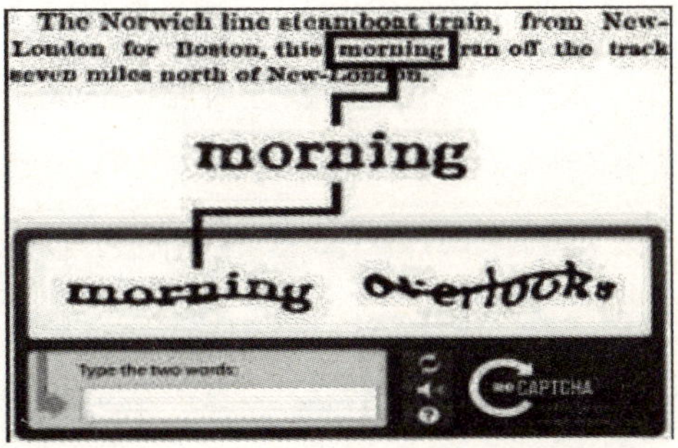

填写验证码的流程即图片识别的过程

在互联网上注册、登录，这是大量用户高频率发生的动作。

而用户验证的过程，其实就是看图填写文字的过程，实际上间接帮助《纽约时报》完成了这些图片的识别工作。

连接用户的力量：129 年的《纽约时报》24 个月如何完成电子化

（扫码，转到喜马拉雅 FM 收听课程语音；荔枝、蜻蜓 FM 搜索“万建峰”即可同步收听）

结果是创刊 129 年的《纽约时报》只用了 24 个月就完成了电子化的工作，并且准确率非常高。为什么？因为验证码必须要输对，而且这个图片可能会被不同的人反复验证使用，一个人输错不要紧，许多不同的人正确识别后答案就会出现。

《纽约时报》的电子化的方式，是一种众包协作的方式，就是通过互联网的手段，把用户分散的输入能力（分散于时间和空间）有效地组织起来。

1 美元与总统募捐

大家知道上一届的美国总统是奥巴马，他除了是美国历史上第一个黑人总统外，也是第一个采用网络募捐的总统。

大选期间，总统候选人需要宴请特别有钱的人以募集竞选资金，也就是说，要捐钱给未来的总统，其实门槛是极高的，至少你必须是一个大富豪。

但是奥巴马的幕僚提议：我们不妨试试网络募捐。网络募捐意味着什么？假设一个人口袋里只有 10 美元，那么这个人原来是没有机会捐款的，而通过网络募捐，哪怕只有 1 美元，你也可以参与募捐，从而真正影响到总统的选举。

令奥巴马没想到的是，开通网络募捐以后，收到了大量的小额捐款，小到 1 美元，大到成百上千美元，而最后的统计表明，那些小额捐款的总额居然超过了富商们的总捐款额。

更大的好处是，互联网募捐把一个本来由小部分人完成的行为，变成了一个影响全社会人群的集体性事件。这极大地提升了奥巴马的知名度，使他获得大量底层民众的支持。

为什么会获得民众的支持？分析表明，不管什么原因，只要捐给奥巴马 1 美元，就会投票给奥巴马，因为人们是不愿意自我否定的，既然已经把钱捐给奥巴马了，还是要把票投给他。

其实奥巴马所做的就是现在互联网上特别热门的**众筹**。

可见，让每个地球人都当面送你 1 元钱，你是不可能暴富的，如果你自己去收钱的话，可能还要赔本。

反之，只要有合适的工具和渠道，降低收集的成本和门槛，那就可以快速汇集大量的碎片化劳动和点滴的财富。这不禁让人想起我国的一句古话：不积小流，无以成江海！

第二节　Uber 和滴滴：坐别人的车上班

在我国，共享的概念早已有之，比如在过去的社会朋友之间互相借书或者共享。不同人使用同一资源，特别是邻里之间互相借东西，共用一个设施，这都是一种传统意义上的共享。

电钻和汽车：买了都是被闲置

美国人经常自己干各种活，因为劳动力价格很贵，比如买了房子要装修，包括刷油漆、日常的修补，都会自己动手。

美国家庭电钻的普及率是很高的：全美有 8000 万个电钻，但实际上一年的平均使用时间只有 13 分钟。这说明虽然买了电钻，但使用的频率是不高的。

花了大钱买回来的汽车，也有类似问题。全世界约有 10 亿辆汽车，平均一辆汽车 96% 的时间是闲置的，上班开车到公司，停在停车场，下班后开回家停在车库。而车辆停放却要占用人类 15% 的生活空间，停车难是个城市问题。有时候开车去一个地方的交通成本（算上油费以及停车费），比打车费还要贵。

在传统的人际关系中，只有关系比较近的朋友，才会向你借车或者让你帮着开车。更常见的情况是，某天你在家里闲着，心中在想：我的汽车放在车库没有钱赚，谁要是雇我帮他开趟车，我是愿意的。或者某天，你开车出去的时候突然想：谁现在要是愿意搭我的车并且付钱的话，我也是愿意的。

实际上，当你有这个想法（或者叫需求）的时候，离你不远的地方，正好也有人想请你开车送他或者愿意搭你的车，然而你们互不相识，根本没有渠道和方法来匹配这两种需求，或者哪怕你俩认识，也会因为沟通受限（时间和空间）而实现不了这些匹配。

即事实上存在这样的需求，但由于传统方式实现精准匹配的成本极高，造成供需双方不可能出现在对方的选择范围内。

共享：坐别人的汽车上班

现在大家都知道，以上两种情况被“快车”和“顺风车”解决了。目前有两家龙头共享汽车公司，一个是优步（Uber），一个是滴滴，经过多年市场竞争，双方已经选择合作。

传统方式叫出租车的缺点：一是站在路边长时间等待；二是好不容易来了车，却未必停下来带你走。

而优步和滴滴印证了我之前所讲的一个观点：当一个商品或一种服务有机会摆脱时间和空间的限制时，它本身就发生了质的变化。

现在我们叫车不仅不用到马路边等待，还可以远程提前预约；不仅可以作为乘客，还可以成为长期兼职的驾驶员和短期兼职的顺风车车主。我本人也是滴滴的驾驶员，偶尔上路接单赚点外快也是一种很好的体验。

优步（Uber）作为全世界共享汽车的首创者，也是发展最迅猛的互联网企业，在各地掀起了共享汽车的狂潮。

当年优步在纽约发展迅猛，甚至还引发了出租车司机联合罢工。因为优步这样的共享汽车服务，严重影响了传统出租车的生意。

我曾读过这篇报道，发现这里面有两点值得大家回味。

第一，是优步对危机处理的角度不同。

如果你是优步的老总，当你所在的城市出现出租车司机集体罢工的情况，你会采用什么样的对策来应付这件事情？

优步的方案：

罢工是你们的自由，我改变不了你们，但我可以改变自己：出租车司机罢工期间，优步的乘客通通免费。当然，优步的驾驶员还是有收入的。

那么乘客免费乘车的结果是什么？

所有用户从关心罢工事件转移到计算自己还能享受几天免费乘车，罢工的事件变成了乘客对免费的喜悦，媒体也从追踪罢工事件突然转移到报道优步能免费坐车这一事件。

更重要的是，因为没有出租车可以坐，原来持怀疑态度的“传统乘客”也“被迫”“利诱”而加入了优步的阵营。

还有一个更让人意外的情况：很多出租车司机很聪明，他们白天开出租车，晚上下班以后就用私家车做了优步驾驶员。

事实上，现在大量的自由职业者正在把共享汽车驾驶员作为一个职业。优步刚进入上海的时候，曾引发了大量的白领辞职。优步新进入一个城市时会实行非常优惠的政策，它不做广告，但提供奖励，其奖励机制是给优步的驾驶员以车费 3 ~ 5 倍的现金奖励。

所以，优步作为一家互联网公司，其想法和做法让人惊叹不已。

第二，可以用一句话来概括：**历史不可能被重演，但往往惊人的相似**。

在罢工的时候，出租车司机认为：优步推出共享汽车，我们的饭碗不保啊！

实际上，在 19 世纪汽车出现后，也有人因此罢工了。

当年在英国，汽车刚上路的时候，那些马车夫抗议说：“汽车在马路上开，我们的马容易受惊啊！汽车跑得那么快，而马车跑不了那么快，我们会失业的。”当然英国政府起初也是保护他们的，理由是汽车会带来致命的危险，那就是车祸。

以至英国出现过这样一件事：1865 年，英国议会通过了一部《机动车法案》，后被人嘲笑为“红旗法案”。其中规定：每一辆在道路上行驶的机动车，必须由 3 个人驾驶，其中一人必须在车前面 50 米以外做引导，还要用红旗不断摇动为机动车开道，并且速度不能超过每小时4英里(每小时6.4公里)。

这就是当年作为先进生产力的汽车的待遇！这部法案直接导致了一个结果——汽车让位于马车，同时扼杀了英国在当时成为汽车大国的机会。随后，汽车工业在美国迅速崛起。1895年，即30年后，“红旗法案”被废除。

再往前，当年发明蒸汽机、使用机器生产的时候，当时的手工业者也曾抵制机器，到工厂捣毁机器。比如，一个鞋匠一个月做30双鞋子就能养家糊口，而一台机器一天就能生产300双鞋子，这样鞋匠一家不是活不下去了嘛！所以他们要把那个机器捣毁。

随后呢，毫无疑问，汽车替代了马车，机器替代了手工，历史的发展说明，一定是先进的生产力替代落后的生产力，这说明共享的趋势不可阻挡。

优步目标：干掉私家车

很长一段时间我认为优步的目标是取消出租车，后面我发现优步，把出租车也纳入服务体系以后，才意识到他们的目标是干掉私家车。

优步作为世界最大的出租车公司，却不必拥有一辆汽车，通过社会化的理念和工具，释放了闲置的汽车、闲置的驾驶员和停车空间，并且把这几个元素有机整合成我们都能享受的服务，还影响到我们未来要不要购车的决定。

在美国，优步在圣诞期间还提供圣诞树的服务。

共享：不要所有权

我们国内现在共享服务越来越多，共享单车、共享电动车、共享雨伞、共享充电宝，极大地方便了大众的生活。

过去人类因为物质匮乏而“无奈”共享，到物质丰富的时代，人类强调“拥有才能使用”，一直到互联网实现“使用而不拥有”的高效率共享，完全颠覆了传统意义上的共享和分享。

这充分证明了，**人类不缺乏力量和分享精神，但需要连接这些力量的渠道和工具**。

也正如万老师所说的，当一个业务的形态，能够摆脱于空间和时间的限制，那么这个产品或者服务就发生了质的变化。互联网的共享业务，正是印证了这个重要的原则。

这些共享人类财富的社会化的工具，就在于用比较低的门槛，摆脱时间和空间的限制，把大量的、原本不可能形成规模的、碎片化的人力、物力、财力汇集起来，让人类可以用比较低的成本（时间、财务和信任等）去共享整个社会的财富和资源。“四海之内皆兄弟”大概也有这个意思吧！

使用未必拥有，摧毁私家车的优步与全球订房的 Airbnb（扫码，转到喜马拉雅 FM 收听课程语音；荔枝、蜻蜓 FM 搜索“万建峰”即可同步收听）

第三节　Airbnb：出租你的房，出租你的床

有的家庭有两套住房，如果想出租空余住房，请问是将这套房子按年租出去的收入高还是按天租出去的收入高？

答案是按天租出去收入高。那为什么大部分房子更愿意年租呢？

如果你们家没有多余房子，但肯定有那么几天你们家有空余的房间，请问你想不想把这个房间租出去呢？

答案是在安全的情况下，可以出租，多一份收入挺好。但怎么找到那个只要租一天的用户呢？这个不是酒店的业务吗？

如果你家有一个晚上不用的沙发，你想不想以便宜的价格把它租出去，换取一份收入呢？

答案是，可以啊，反正我不用，不过谁愿意睡沙发呢？

Airbnb 没有一间房：191 个国家、65000 个城市，40 万人

就是有这样的一家公司叫 Airbnb（中文名称：爱彼迎），名字的来源是 B&B（bnb，也就是 bed and breakfast，一张床，一份早餐就是经济型酒店的代名词，通常也就是小旅馆的意思）。

Airbnb 是一个联系旅游人士和家有空房出租的房主的服务型社区，用户可通过互联网应用程序发布、搜索度假房屋租赁信息并完成在线预订程序。

Airbnb 并不拥有任何房间、任何旅行项目，但却创造了一个基于网络连

接的超级轻资产“另类旅行业或酒店业”：利用世界各地闲置的有形和无形资源，无论是闲置的房产，还是闲置的大脑、天赋、爱好、时间，将它们连接起来，转变个人的社会角色，重新参与提供有价值的产品或服务。

和我们原来熟悉的互联网订房平台不同，Airbnb 强调的是从**个人而不是酒店**手中租住一间房屋。房主将空置的房屋出租，可以获得额外的收入，但房租通常比酒店便宜。

基于此，Airbnb 在 191 个国家、65000 个城市为旅行者提供数以百万计的独特入住选择，平均每晚有 40 万人住在 Airbnb 提供的房间里，不管是公寓、别墅、城堡还是树屋，被《时代周刊》称为“住房中的 eBay”。

根据 2017 年底公布的数据，Airbnb 在我国的房源已达 15 万套，2020 年我国将成全球最大市场。

Airbnb 重塑了酒店：互联网 + 科技

人们大多不愿意让陌生人住进自己家里，安全问题，隐私问题……一直让房东们望而却步。对客人来讲也是一样的。本来一个人出去就不安全，还住在别人家里，房东有歹意怎么办？

传统市场的解决方案是，通过有公信力的酒店，提供统一、标准化的服务，比如餐饮、安保、通信等服务。

在 Airbnb 的平台上，住宿与出租不是简单的买卖交易，而是创造了一个智能化解决方案。比如，它能通过先进的搜索技术精准地匹配供需房屋之间的地点、出租类型、租赁特点、有效日期、价格等。

房主可以自定义租住细则，自由地展示自己以及自己有什么样的社交理念。旅行者可以在平台上创建理想中的房屋空间特性，或梦想的出行计划。同时 Airbnb 开发了移动应用端，能在当地定位各种房源，让用户可以方便、快速地找到理想的房主。

Airbnb 还在大数据的运用上有所突破。它主导制作了一个自动在线旅游指南，由此产生一个“协同过滤”的网络，能查找并匹配许多有地方特色的交通、餐饮、夜生活、旅游景点、购物，甚至独处的佳地。作为一种智能化的制作工具或方法，“协同过滤”能将某一个用户的兴趣、偏好等信息，与从不同用户和不同数据源收集的数据库进行对比，实现自动收集、预测的功能。

当然，对于“初级用户”普遍担心的问题，也会用在线信用和评价体系与大数据进行解决，正如我们目前对共享汽车已经基本消除担心和恐惧一样（共享汽车的初期，用户担心的安全问题也是一个热议话题），这个问题尽管不可能完全消除，但至少已经到了可以信赖的阶段：至少你可以找一些成交数量高、租客评价好的房间。

还有一些很有意思的现象，比如房主是女性，并且头像吸引人，能够提供当地咨询，甚至美味早餐服务的话，用户的评价会出奇的高，出租率也会比较高，也许是能给顾客安全感和亲切感。

对房东而言，通过平台有效降低了营销和管理成本，有什么理由不选择日租呢？不管你是一套住房，还是一个房间，甚至是一个沙发，都可以租出去。愿意睡沙发的人，叫“沙发客”，因为住宿成本很低，特别适合经济适用型背包客和只求廉价睡一晚的过路人，这种形式在英国很受欢迎，因为英国的旅馆价格实在不菲。

现在对于 Airbnb 的房东来说，衍生的市场服务也应有尽有，比如：由第三方统一管理，每日提供房间打扫和清洗服务的上门服务，可帮助房东从日常的保洁工作中解脱出来；提供个性化快速装修的装饰公司也应运而生。当然这一切均极大地降低了用户的成本，提高了租客的体验度，致使传统的酒店业受到较大的冲击和影响。

一句话：传统世界中，你的沙发租不出去的原因，不是没有人愿意租，而是双方未找到实现“精准匹配”的可能性，或者说成本太高。

消费者为何能以低于酒店的价格租到房屋呢

这是因为个人住宅的固定成本确定，出租房屋所得是额外收入，形成房屋共享的零边际成本（自己的房子如果空着，不会有收入，但是租出去不会增加太多成本，收入倒是实实在在的）。这和互联网公司能提供大面积的免费服务类似，因为网络公司投资于某项业务一旦完毕，多增加一个用户所需要的成本近乎为零，比如电子邮件服务，多一个人用，成本基本不增加。

当然，别以为 Airbnb 上只有廉价民宿，一些品质特别高的房子也在这里找到了租客。大家可以通过网站 www.airbnb.com，或者下载手机同名 App 查一查，有价格低至 20 元一晚的沙发，也有高到 10 万元一晚的高端别墅，从我国有各地的个性民宿，到欧美国家以及日本、韩国都也能找到你想要的房间，真的是各取所需。

靠出租“别人”房子的公司，能做到多大呢

Airbnb 到底是大公司还是小公司？对比一下，我们就会有概念了。

在硅谷，如果科技初创公司的估值能够达到 10 亿美元，那么这一类公司被统称为“独角兽(unicorn)”(独角兽是神话传说中的一种稀有物种)。

而彭博财经将公司市值超过 100 亿美元的科技公司定义为“十角兽(decacorn)”，能够达到这种程度的公司可以说在能力方面绝对是超凡的，比如 Pinterest、Dropbox。

在硅谷的各家企业中，Airbnb 花了 5 年的时间实现估值达到百亿美元，其次是 Uber，花了 6 年时间，排在第三位的 Linkin 花了 10 年，而著名的星巴克花了 32 年的时间。

与传统酒店相比，这家位于美国加州旧金山市的“空中经济酒店”于 2008 年 8 月成立，到 2011 年，Airbnb 的业务令人难以置信地增长了 800%。

根据 2018 年 11 月的统计数据表明，Airbnb 的估值接近 300 亿美元，是仅次于 Uber 的硅谷第二大独角兽公司，全球排名第四（第一是抖音的母公司，字节跳动科技，第二是 Uber，第三是滴滴出行）。Airbnb 只用了不到 7 年的时间就已经从市值上超越了诸如 Hilton 希尔顿、Hyatt 凯悦、Marriott 万豪等老牌国际酒店管理公司，其估值从 100 亿美元到 255 亿美元用了仅 1 年的时间，可见，Airbnb 发展速度得有多快！

Airbnb 带来更多创新模式

Airbnb 模式如果应用到其他行业会如何？

其实现实生活中，有太多这样的场景，多增加一个用户的成本变化不大：比如，培训行业一旦开设课程，多增加一个学员，最多减少一个空位子而已；饭菜已经做好，多一个人吃饭，有时候就是多增加一双筷子的事情；车子已经上路，再多一个人坐也无妨……

这样的场景被置于网络并放大以后，就会形成一个传统世界难以想象的产业：

比如培训行业的在线课程，尽管收费很低，但来的人够多的话，收入也会远超线下课程。

而多双筷子的理念，成了“回家吃饭”等网络“共享厨房”的一个产业。

在交通行业，出租车服务业的 Uber 和滴滴打车，甚至还有飞机营运的 Execujet，多对多电子商务平台的 eBay，电子视频业的 YouTube，音频业的喜马拉雅 FM，洗衣业的 e 袋洗等。

如果把 Airbnb 的概念抽象化，那它的逻辑应该是：有空闲的资源就可以出租，就可以提高闲置资源利用率，从而获得最大收益。这个逻辑同样可以应用到其他领域，很多创业公司就依照这样的逻辑打造出了自己的产品，其中不少项目还获得了投资。

第四节　从 Skillshare 到猪八戒网：让你的特长快速变现

知识快速变现

社会化的共享和分享，不仅包括分享房间、汽车、产品和晚餐，甚至还包括分享知识、思想和能力。

最传统的知识变现是通过学校进行的：老师通过课堂教学，把知识传授给学生，学生把学费交给学校，学校把一部分的收费作为报酬支付给老师。

实现这个过程门槛很高，比如先要成为一名老师，并进入特定的学校任教。

而事实情况是，“三步之内有高手，高手往往在民间”，一位民间的“达人”，在某个技艺上，可能远远超过在校的一位教授，只要是学习的门槛不要太高，特别是学费不要太贵，他的“独门绝活”就会有人愿意付费学习。如果学的人够多，这位“达人”的收入就很可观了；再说，对于一些有想法有能力的人，天生也有分享欲望，哪怕不赚钱，也是一件很快乐的事情。

美国有一个网站叫 Skillshare，这是一个 P2P（个人对个人，peer to peer）的个人技能分享网站，允许任何有一技之长的人开设课程并允许任何有需要的人支付少量费用（20 ~ 30 美元）来学习。有的课程需要多个课时，价格则从 50 美元到数百美元不等。

Skillshare 上的课程目前分为 8 个大类：设计、商业、技术、图形、电影、写作、手工艺、烹饪。只要你有一些知识或技能愿意分享给大家，比如在野营中如何搭建帐篷，如何编程，如何吸引异性并指导约会，甚至是如何做一道菜，都可以在 Skillshare 线上发起一堂课，也可以线下找一个地点把大家召集起来，手把手地把这项技能教给大家。

Skillshare 的宗旨是：每一个人都可以成为老师，每个人也都可以变成学生。说到底，是用低门槛连接求知双方。

现在国内知识分享类的工具有知乎 Live、分答、在行等，还有直接通过微信朋友圈发布的微课，或者通过第三方平台播放的课程，比如荔枝微课，可以在线开课，一般收费是一个学员 9.9 元。

以至于在 2016 年我国开启知识付费的时代，“小学数学两个小时微课，流水 10 万元”的消息频频传来，不仅让人感叹“知识就是力量，知识就是金钱”这句话算是真正实现了。

技巧技能快速变现

如果你是一名在职的技术人员，朝九晚五的工作是你的主要收入来源，在能力范围内接点“私活”，利用专业能力赚零花钱补贴家用，这个是传统社会再常见不过的事情了。

设想一下，以你的专业能力和水平，如果小范围通过朋友介绍，可能只有 1000 元的回报，但是可能世界上还有人因“急切需要”而愿意出 5000 元。如果你水平超群，传统圈子里面找不到愿意出天价购买你的创意的对象，但是有可能在网络上“终遇伯乐和知音”。甚至有一天，这种业余兼职收入居然超过了你的本职工资。

有可能出现这样的情况：一家企业需要设计一个 LOGO 或者做一个整体 VI 视觉设计，找一家专业的大品牌广告设计公司来完成，需要支付 10 万元甚至 50 万元。而这个设计项目让一位在大公司工作的设计总监利用业余时间完成，只要支付 3 万元。

事实上，整个社会存在具有这种碎片化的专业能力的人，也有大量愿意付费的碎片化需求，而这种需求往往也在急切寻求这样具有碎片化专业能力的人，这种精准化程度更高的匹配，往往取得了最高的性价比。

把这些大众的碎片化的需求汇集，再和碎片化大众的智慧和能力一一对应，精准解决的过程，就可以简单解释“众包”这个过程了。

（1）猪八戒网。猪八戒网是一个典型的服务众包平台，由原《重庆晚报》首席记者朱明跃创办于 2006 年（记者这个行业见多识广，特别适合跨界，前文讲到的摩拜单车，也是由原《每日经济新闻》经济部汽车栏目的记者胡玮炜创立的）。

猪八戒网服务交易品类涵盖创意设计、网站建设、网络营销、文案策划、生活服务等多种行业。猪八戒网有百万服务商正在出售服务，为企业、公共机构和个人提供定制化的解决方案，将创意、智慧、技能转化为商业价值和社会价值。

对于买家来说，把需要解决的问题放在猪八戒网上，通过悬赏模式可以获得多种方案，选到满意的作品；通过速配模式，可以寻找到能力精准匹配的服务商来提供服务。总而言之，企业机构和个人可以在猪八戒网获得低成本、高效益的服务。

对于服务商来说，无论是个人还是机构企业，都可以在猪八戒网上做自己喜欢或擅长的工作，足不出户就能找到目标客户，挣得收入。并且工作环境更加自由，工作时间自己掌控。

猪八戒网对个人是成长平台，不仅锻炼了专业技能以及客户沟通技巧，同时也加深了对行业市场的了解；对团队化的服务商来说，是一个重要的客户来源。

特长技巧也能换钱，猪八戒网和 Skillshare 让你快速变现

（2）全球最大的办公场地租赁公司 Wework 却没有房产。远在美国纽约的众创空间 Wework，虽然挂着“房地产企业”的名头，但并无房产，其商业模式也很简单：用折扣价

格租下整层写字楼，然后分隔成单独的办公空间，出租给愿意挨着办公的初创企业和小公司，向他们收取会员费。

Wework 是世界上增长速度最快的办公空间承租方，为年轻的创业者提供廉价的办公合用空间。如今它从“联合办公”(co–work) 的概念向前延展，走向了“联合生活”(co–live)，甚至将其糅合成“办公”“生活”两不误的短租服务产品。

目前分享经济业务在我们身边层出不穷，典型的还有人人快递、春雨医生、回家吃饭、闲鱼。

（1）回家吃饭。我们有时候下班回家太晚，没人做饭吃，但是又不想去饭店吃油腻的饭菜，你可以用这个手机 App 搜一搜，看看你家附近有几户住户愿意销售自己制作的私房菜，甚至哪几户可以送货上门。

（2）春雨医生。被称为足不出户的医生。除了在医院门诊外，医生利用空余时间可以通过软件一对一诊疗，病人更不必大老远赶到医院排队看病了。

如果到传统的医院就医，你只能根据医院内的医生简介来选择医生，事实上你压根儿不知道这个医生能不能看好你的病，你也不知道这个医生可能是一个只会写文章、评职称的“理论专家”！当然更不知道附近有一个孜孜不倦，关心科技前沿知识，注重实战和应用的年轻医生，尽管他职称不高，文章不多，却能治好你的病！针对这样的情况，通过网上病友的评价和推荐，你就能事先精准判断应该找哪个医生。

社会化思维的背景很重要的实现场所是互联网，互联网带来了扩散的大范围，扩散的过程中，提供了用户极低的进入门槛，所以就带来了大范围高精度的人群。

第五节　万老师：共享、分享、众筹，让我们换个活法

社会化思维，简单说，是用互联网手段发动用户产生内容，参与传播，参与行动。

是互联网版的群众路线：从群众中来，到群众中去。

至少你可以尝试：

在猪八戒网上赚零用钱，或者发布一个任务，看看有几百人愿意为你工作，收费却低得难以想象。

将来旅游，记得用 Airbnb 找间民宿，或者试着看看你的房间能不能出租。

通过“闲鱼”，让闲置物品重新找个主人。

学会用滴滴出行，用共享单车解决“最后一公里”。

这个世界变得越来越美好，我们可以换个活法。

第9章

大数据，互联网的“周易”，知未明，观未见

预测未来，是人类一个永远的追求；

所以有了算卦和占卜，不过似乎可信度不高；

不过，互联网大数据却真的实现了……

亚马逊“秒到”的物流速度，是如何实现的?

为什么中医没有“科学依据”却依然能够治愈疑难杂症?

为什么“后起之秀”特斯拉市值能超过老牌汽车公司通用?

第一节　亚马逊“秒到”：最快的送货速度背后是大数据

“秒到”：亚马逊的极致物流速度

亚马逊现在做到最快的物流速度是多快？有没有可能你刚一下单，货就到你们家了？

假设场景

有一个周末，吃完早饭，我准备开始工作。

女儿跑过来跟我说：“爸爸，我的阿迪球鞋破了，我需要一双阿迪达斯刀锋球鞋，38 码，蓝色，下周参加运动会需要穿。”

我说：“好吧，我现在帮你买 。”

于是，我打开手机或电脑，浏览亚马逊网站，开始搜索购买。

我首先根据品牌、型号搜索，然后找到相关商品，浏览后进行比价，最终挑选尺码，然后放入购物车。其实在我登录亚马逊的同时，它的后台也开始工作了：

亚马逊立刻知道我是谁，我的常用快递地址，我的浏览记录、下单记录、支付记录。

值得注意的是，浏览未必下单，下单未必支付，所以有一些数据特别重要，比如历史上我一共来过几次，每一次平均浏览了多久，最终下单支付的商品平均浏览多少次，浏览时间平均超过多少秒（看的越久的商品，下单支付的可能性越高），同时还把我今天的浏览数据和后台大数据做比较，最终可以判断：我买这双球鞋的概率超过80%。亚马逊的后台立刻通过自动物流系统，让鞋子自动出仓，送上流水线，装上无人直升机，并出发朝我家飞行了。

请注意这时我还没有下单，我和女儿最终确认是她想要的鞋子，然后进入支付流程。

当我支付完毕，无人机已经在我家草坪上盘旋半分钟了！

在我点击支付并成功后，鞋子就从无人机中“吐出”并放到我家的草坪上，无人机飞回去了。

我惊喜地发现我要买的东西实现了“秒到”！讲到这里，很多朋友就会问：如果你实际没有支付会怎么样？那无人机盘旋一阵就飞回去了，商品自动入仓。如果收到以后想退货怎么办？那可没有无人机来拿货，就按照正常流程，快递发回退货。

不管怎么样，亚马逊确实依靠“大数据”的预测，极大地提升了用户对服务的体验度。

这个服务目前只能在美国提供，只要你离中央仓库不超过30公里，它就能用无人机实现秒送，前提是这个货物不能超过5千克。更详尽的资料和介绍，大家可以扫码阅读相关文章。

正常运行的仓库却没有人，亚马逊飞机送货到你家

亚马逊如何实现物流“秒送”？大数据如何改变商业模式（扫码，转到喜马拉雅FM收听课程语音；荔枝、蜻蜓FM搜索“万建峰”即可同步收听）

第二节　通用与特斯拉的本质不同：数据

特斯拉：数据让其市值超过通用

我们现在谈“互联网+”，仅仅是因为互联网的影响刚刚开始，未来应该也不会有互联网公司了（就像现在没有叫电话贸易公司和电力制鞋公司一样），因为互联网会成为商业的一个必备元素。

特斯拉是一家美国电动车及能源公司，也是目前世界上唯一的智能汽车公司，主要产品是纯电动汽车。

特斯拉成立于 2003 年，是从互联网公司跨界到汽车行业的公司。

特斯拉在 2016 年卖了 76230 辆车，营收 70 亿美元，净亏损 6.74 亿美元。但其市值一度冲到了 510 亿美元，成为了美国市值最高的汽车公司。而通用汽车公司 2016 年出售了 1000 万辆汽车，是特斯拉的一百多倍，营收 1664 亿美元，净利润达 94 亿美元，但市值仍然被特斯拉超越了。资本市场之所以看好特斯拉是因为它以“用机器生产机器”的全自动化技术颠覆了汽车制造业，其革命性堪比当年福特的装配流水线。

为什么一家成立于 1908 年的老牌汽车公司，就不能率先做好电动车呢?

目前大部分商业和产品都是工业革命后产生的，控制不犯错，精益求精，是典型的产品思维。

比如通用也出了一款电动车，认为续航里程只要跟特斯拉一样，价格便宜就能卖得好，但在美国只卖了几百台。

原因是互联网智能汽车做到了传统制造业做不到的部分：打造超强的生态平台，上接云端，下接账号，能够连接所有的服务外部硬件和应用账号，还要有非常强的数据能力去获得软件、硬件以及用户的所有数据。

比如特斯拉的软件服务系统是远程自动更新的，就如我们手机的系统更新过一样，每一次更新可能会提供更好的功能，一些程序问题也会在你不开车的夜间自动远程刷新修复。

特斯拉 CEO 马斯克在推特发文称：车主可预先在车内根据个人喜好填写相关信息、设定相关设置，随后个人资料将上传至云端，今后无论驾驶哪一辆特斯拉汽车，其个人资料都将会同步至当前汽车内，汽车内的相关设置将会按照驾驶员的云资料做出相应调整，使车主真正享受量身定制的个性化服务，免去了再次设置的环节，为用户提供便捷的个性化的服务，就像换手机一样“无痛”换车！

截至 2016 年底，特斯拉已经收集了超过 20 亿公里的用户行车数据。手握这些数据，特斯拉能够清楚地知道顾客的行车轨迹和车辆使用情况，更重要的是有助于实现全自动驾驶的目标。

所以通用只做了一辆电动车，而特斯拉做的是一辆智能汽车，这是本质的不同。从这一点来看，和当年苹果公司的智能手机超过诺基亚和摩托罗拉的传统手机是多么相似。

在互联网思维最火的时候，工业界和互联网界就有一种争论：互联网到底是一种工具还是一种思维？

企业家倾向于认为它是一种工具，只要嫁接在自己身上就可以，这也造成了传统企业的转型困境，因为转型需要公司彻底改变基因，而不仅是嫁接一种技能，否则就是“穿新鞋，走老路”。

而互联网企业家大都认为它是一种系统思维和方法论，是彻底改变现有的格局的一种新道路，“穿新鞋，走新路”。

亚马逊能够连续 20 年不盈利，市值甚至能超过营收额为其 15 倍的沃尔玛，也是因为亚马逊拥有的数据：亚马逊的云服务对外能够大幅降低企业前期基础设施成本，对内能够获取丰富的教育数据和用户偏好数据。最近的顺丰物流和菜鸟物流因为数据产生分歧，甚至不惜在媒体上撕破脸，让我们感受到前沿公司对于数据资产的争夺已经到了何等程度。

特斯拉：颠覆性的制造

无论是销售量，还是净利润，通用公司都远超于特斯拉，可是为什么我们在资本市场上还是认可特斯拉呢?

投资者看好特斯拉，不仅是看好它的未来，还在于它用电动车改变了汽车产品，更是用机器生产机器的全自动化技术颠覆了汽车制造业。

这个改进的革命性堪比当年亨利·福特的汽车生产流水线：在流水线发明之前，汽车都是在小作坊里装配的，福特把 T 型车的装配过程拆成了 84 个不同的步骤，每个人都只做专门的一个环节，汽车在一条流水线上就可以完成组装，让汽车的装配时间从 12 小时减少到 90 分钟，T 型车的零售价格也从 850 美元降到了 300 美元，每 24 秒流水线上就能制造出一辆车。到 1927 年福特已经卖出了 1500 万辆 T 型车，而流水线生产的模式成为汽车制造业的基础，也成为整个生产制造业的标配。

目前传统的汽车公司确实用机器人提高了汽车制造业的效率，但最后的装配流程仍然是由人工来完成的，而特斯拉正在做的就是把自动化推向极致：特斯拉工厂使用了更多的机器人，更少的人力，大力研发生产线自动控制系统，利用软件和人工智能推进全自动化，让机器完全替代人类来制造汽车。

特斯拉和通用汽车的差异根源就在于数据能力，同时也证明了数据资产的价值。《失控》的作者凯文·凯利认为，拥有最多有价值的数据资产的企业市值会最大，而有价值的数据资产才是一家企业的核心价值。

目前有三家大公司跟未来汽车有关：优步，实现共享汽车；谷歌，实现无人驾驶汽车；特斯拉，制造智能无人驾驶电动车。大家可以扫码收看相关视频。

特斯拉无人驾驶汽车在迪拜拉客了（腾讯视频）

第三节　熟悉的中医：古老的大数据

中医也是大数据：方法先有，原因未知

我国有句老话是“知其然而不知其所以然”，本意是提醒我们，不能只知道事物的表面现象，却不知事物的本质及其产生的原因。

人类的努力方向是解开各种科学谜题，找到事物的本质。而现实情况是，有一些事物已经呈现结果，人类却暂时无法探究原因！

比如，医学那么发达，但对于自身的了解远没有达到让我们满意的程度。不过不了解我们的身体，有病就不能治了吗？不是的，我们虽然不知道原因，但不妨碍我们治疗某些疾病！

最典型的是西医和中医治疗方法的不同：西医采用已知原理的治疗方法，而中医能在不完全探明原理的情况下开展治疗。

如果你脸上长了青春痘，西医采用的治疗方法通常是吃消炎药，或者在患处涂药膏，结果有可能是很快消除了现有的痘痘，但让你绝望的是，新的痘痘不断出现！

但是采用中医疗法，一番望闻问切之后，医生会给你开出包含各种药材的中药，结果有可能脸上的痘痘确实没有很快消除，但你惊喜地发现，新的痘痘确实也不再出现！

一直以来，中医认为西医是治标不治本，中医讲究标本兼治，而西医认为中医的做法缺乏科学依据：尽管中医也有自己的典籍，但从现代医学的角度看，

中医确实缺乏“科学依据”。

但对于有些疑难杂症，西医暂时不知道什么原因，当然中医也不知道什么原因（或者说，中医根据五行理论讲的原因也不一定对），但是不知道原因不等于没有办法，中医在这个时候往往比西医管用。

有时候你不由得感叹西医的先进：能够精准定位并能实施准确到千分之一毫米的手术；你也不得不感叹中医的“神奇”：通过一系列传统“理论”的解释，最终帮你解决了始终找不到原因的顽疾！

比如，我长期伏案工作，颈椎一直不太好，常常有头痛的症状，甚至影响了睡眠。我去找西医治疗，做了 CT 和核磁共振后，医生认为没有什么不正常的。但是我就是觉得不舒服，后来经人介绍去了一家正骨医院。医生捏了一遍我的脊椎，说我的第三颈椎往右突出，有一点错位。

我问他：“有什么解决办法吗？”他说：“不要紧的，我把你的脊椎重新排一排。”

他先派一个助理给我推拿，让我的肌肉放松。然后医生把我的头放在他的右手肘上，夹住我的下巴，慢慢晃动我的头，另外一只手捏着我突出来的颈椎，瞬间发力，把我的脊椎拉起来，并快速地推进，“咔”的一声，脊椎复位了！（我只能简单描述这个过程，毕竟关键步骤完成于瞬间。）

事实上，颈椎的问题跟我平时的头痛和失眠是有关系的，所以我在正骨医院接受了 4 个疗程的治疗，睡眠质量和头痛症状得到了改善。

中医还有一种流行的疗法，叫针灸。中医认为人体上有很多穴位，每个穴位可以对应治疗某些疾病。

这个“穴位”是西医绝对解释不了的，因为西医解剖学研究对象不是活体，而穴位只存在活人身上。恐怕西医永远没机会通过解剖学找到穴位，因为不可能解剖活人吧！

甚至还有媒体报道了老中医几针下去，多年的瘫痪病人马上站起来的神奇案例，以至中医在海外的影响与日俱增，越来越多的外国人信服古老的中医疗法，比如针灸、拔罐、推拿、正骨等。

现代科学对人体的探究远远没有达到无所不知的程度，但是这不妨碍我们对一些症状和治疗方法的关联探究。

比如，人类在发现细菌之前，已经知道怎样处理伤口了，简单的做法是拿铁器在火上烧热之后，在伤口上炙烤。直到人类发现细菌的存在，才知道高温炙烤可以杀菌，防止感染。屠呦呦通过对传统中药的研究，发现了青蒿素，开创了疟疾治疗新方法，并获得诺贝尔医学奖。我国东晋葛洪在《肘后备急方》中记载“青蒿一握，水二升渍，绞取汁尽服之”可治寒热诸疟，而屠呦呦正是从这条记载中获取了用乙醚提取青蒿素的灵感。事实上我们的祖先在不知道青蒿素的前提下，已经采用这些植物进行对症治疗了。

所以中医和中药在缺乏现代科技手段探究的情况下，用一套祖传的、特有的理论解释各种病症并对症下药，加上几千年无数代中医的经验积累，获取了庞大的病例数据库，通过口耳相传和中医典籍保存下来，找到了大量的疾病与治疗方法的相关点。

其实，中医、中药的发展过程可以理解为保存了海量的病例，形成一个“大数据”库，与现在互联网大数据相比，只是前者依靠几千年的时间积累以及“存储”的方式不同而已。所以我们更愿意找年纪大的老中医看病，因为他们掌握的“数据库”更全面，因而诊断更具说服力。

现在各大中医院也配备了各种检测仪器，毕竟高科技的检测仪器远远超过中医的“望闻问切”，但一位经验丰富的老中医的诊治过程，却不是高科技的仪器所能模拟和替代的。

对西医来说，还有大量的未知世界等待发现原理，而中医却在未知的世界里已经找到了部分解决方案。

中医与西医的差别，因果性到相关性——大数据改变人类探索世界的方式
（扫码，转到喜马拉雅 FM 收听课程语音；荔枝、蜻蜓 FM 搜索“万建峰”即可同步收听）

所以治疗疾病的原则，是用“已知原理”的西医解决明确病症，用“不知原理”的中医解决疑难杂症，“中西医结合”应该就是这个意思。

我国古人认为卧室的面积不能太大，理由是不易聚气。故宫里皇帝的卧室面积并不大，而且床前有很多帐幔，据说因为要聚龙气，通风性不能太好。

生活中我们也有这个常识，即睡觉不能睡在风口，容易生病，为什么呢？古人解释为不易聚气。

不过这个问题已经得到了科学解释。美国科研工作者用高科技仪器检测到人在睡眠的时候，体温自然下降，但在体表会有一层天然的保温层，这个保温层跟空气结合。但如果表面空气流动性太好，就会把保温层破坏掉，一旦破坏，人体皮肤就会直接裸露在空气中，进行强烈的热交换，所以人就容易着凉。

啤酒与尿不湿：从相关再到因果

人类过去一直研究因果性，大数据却更强调研究相关性，就是不管为什么，先考虑怎么做，不强调原因，先强调结果。实际上这改变了人类探索世界的方式。

把啤酒和尿不湿放在一起，销售量会特别好，就是早期利用数据分析出用户购买行为的大数据的应用案例。

“啤酒与尿不湿”的故事产生于 20 世纪 90 年代的美国沃尔玛超市中。沃尔玛的超市管理人员分析销售数据时发现了一个令人难以理解的现象：在某些特定的情况下，“啤酒”与“尿不湿”这两件看上去毫无关系的商品会经常出现在同一个购物篮中。这种独特的销售现象引起了管理人员的注意，经过后续调查他们发现，这种现象大多出现在年轻的父亲身上。

在有婴儿的美国家庭中，一般是母亲在家中照看婴儿，年轻的父亲前去超市购买尿不湿。父亲在购买尿不湿的同时，往往会顺便为自己购买啤酒，这样就会出现啤酒与尿不湿这两件看上去不相干的商品经常被放入同一个购物篮的现象。如果这个年轻的父亲在卖场只能买到上述两件商品中的一件，则他很有可能会放弃购物而到另一家商店，直到可以一次同时买到啤酒与尿不湿为止。

沃尔玛超市发现了这一独特的现象，开始在卖场尝试将啤酒与尿不湿摆放在相同的区域，让年轻的父亲可以同时找到这两件商品，并很快地完成购物。

而沃尔玛超市也因为让这些客户一次性购买两件商品而不是一件，从而获得了很好的商品销售收入。这就是“啤酒与尿不湿”的故事由来。

当然“啤酒与尿不湿”的故事最终也有了科学的解释和理论的支持：1993 年美国学者 Agrawal 通过分析购物篮中的商品集合，从而找出商品之间关联关系的算法，并根据商品之间的关系，找出客户的购买行为。从数学及计算机算法角度他提出了商品关联关系的计算方法——Aprior 算法。该算法在 20 世纪 90 年代被引入沃尔玛 POS 机数据分析中，并获得了成功。

第四节　万老师：你也能用的大数据工具

今天我们提起人工智能，大概是指四件事：语音识别、视觉识别、数据挖掘和机器学习。

语音识别：前面章节提到的，科大讯飞语音输入法，每分钟输入 400 个汉字，准确率极高，可以取代速记员，配合机器翻译，可取代同声传译。

视觉识别：现在手机相册可以根据人脸识别将照片分类存放，“刷脸”登录也已经广泛应用。

数据挖掘：从已有数据中提取模型。通过数据挖掘，沃尔玛找到了啤酒和尿不湿销量的正相关性，把这两样商品放在一起，从而提高了销量。更多的应用在金融投资领域，比如百度股市通。

机器学习：这是很有潜力的。人工智能如此火爆，大部分功劳要归于它。如 AlphaGo 在 2016 年围棋赛中打败李世石，2017 年打败柯洁，就要归功于它每天自我对弈 100 万盘，神速进步的“机器学习”能力。

人工智能再厉害，背后都离不开大数据的支持。以前互联网拼的是技术，现在拼的是数据。

你可能认为大数据离你很远，但事实上，有很多大数据工具简单到你只要会用浏览器，就能“知未明，观未见”！

推荐几个大数据工具：

百度搜索风云榜：http://top.baidu.com/。在这里你可以找到各种社会热点，还有细分类目的排名，比如你可以看看动漫分类里面，哪个动漫形象最受欢迎。

百度指数：https://index.baidu.com/。你可以选择几个感兴趣的目标进行比对，比如你可以比比阿迪达斯和耐克、李宁的不同点。

阿里指数：https://index.1688.com/。你可以找到感兴趣的商品的销售数据，指导你选款、定价。

百度股市通：https://gupiao.baidu.com/。这是一个好用的大数据股票工具，你可以搜索关注的股票，关注度高的股票或许有点机会。

当然，还有更多大数据工具，大部分是免费的，大家可以扫描下图二维码获取。

大数据营销工具，帮助你认识你的消费者（40个大数据的网站和工具）

第 10 章

用的人多了，产品就成了平台

平台思维指的是开放、共享、共赢的思维，全球规模排名前 100 的企业里，有 60 家企业的主要收入来自平台商业模式，包括苹果、谷歌、亚马逊、阿里和腾讯等。

亚马逊为什么能把书店从网上开到网下？

为什么小米之家不仅有手机，还有那么多其他产品？

为什么这个时代做产品的打不过做平台的？

是想办法打败阿里、百度、腾讯，还是先好好利用这些平台？

第一节　从小米手机到小米之家：多个产品一个平台

小米：从单品到多品

第一次认识小米是因为小米手机，最近认识小米，是因为它已经成为一个平台。

小米公司通过手机成功占领市场，快速获得了海量的用户，其微信粉丝超过 2000 万，QQ 粉丝有 3000 万，小米社区粉丝有 3000 万。

小米公司采用了多品策略，不断推出各种智能硬件和电子产品，满足精准用户的各种智能化场景的需求。从小米手环、耳机、充电器、插线板，一直到米家电动滑板车、小米平衡车、米家电饭煲、米家台灯、小米电视、小米 Mix 等，让人体验后爱不释手。

以小米路由器为例。路由器品牌不是有很多吗，为什么要买小米呢？我的体验是：首先小米的路由器具有小米的设计风格，一看就知道是小米品牌，其次小米路由器可以穿三道墙，满足了远距离上网的需求，另外它还有相机照片备份、远程离线下载、网络游戏下载、同步使用等创新功能。

以小米 LED 灯为例。市场上 LED 灯太多了，小米为什么还要参与竞争？小米 LED 灯的特点是智能，可以通过移动手机端来控制开关，调节亮度。

所以小米的做法是通过小米模式，销售各种各样的产品，筑成一个庞大的平台。

目前小米公司旗下生态链企业已有 60 余家，其中紫米科技的小米移动电源第一年销售额突破 10 亿元，还有华米科技的小米手环、智米科技的小米空气净化器、万魔声学的小米活塞耳机、纳恩博（Ninebot）的九号平衡车等均在短时间内成为影响我国电子消费市场的明星产品。

小米之家：多品到平台

而小米公司成为一个平台的重要标志，是推出了“小米之家”。

小米之家从 2011 年的下半年发展到现在，从最初的售后 + 销售模式已经转变成现在的纯销售体验店模式（类似苹果商店的体验中心服务），用户进入店铺的目的是体验，销售和成交则主要是在小米商城上。

小米真正把用户放在一个消费场景下考量：用户来到体验店体验，对某个产品感兴趣，但是没有购买，但有没有可能几天之后在网上下单购买呢？这样的设计，实现了现场体验 + 离店成交的模式，是一个超越传统门店的消费场景设计。

可见小米不再是那个只做手机的公司，生态链内的产品现在是越来越多，而小米之家成为米粉聚集玩机的场所。用户每次去小米之家，在感叹产品令人眼花缭乱的同时，也更加期待下一个新品的发布。这种幸福感是其他品牌所没有的。一份米粉的归属感，可以在小米之家完美体现出来。

所以小米的模式就是通过平台思维连接几个亿的用户，来做各种各样的生活场景的生态圈的布局。

平台思维的核心是通过平台整合供应商和消费者，建立起一种互联网化的生活方式，并为用户各种生活需要提供解决方案，重要的是平台化的生态圈，单一的产品已经不能成为制胜的主要因素。

未来：竞争在于平台，平台竞争在于生态圈

百度、阿里、腾讯三大互联网巨头围绕搜索、电商、社交各自构筑了强大的产业生态。

阿里平台紧紧围绕交易核心，构筑全新的商业生态圈。在这个版图中，电子商务、金融是绝对领先业务，本地生活 O2O、文娱媒体、医疗健康、企业服务（云计算）是相对领先业务，旅游、硬件、游戏、教育、汽车、房产是持续投入与突破业务。

百度以技术见长，目前战略也开始调整为“连接人与服务”。本地生活 O2O 是百度的重要布局领域，无论是糯米网、百度外卖等服务载体，还是百度地图、直达号、私人秘书“度秘”等流量入口都有极速的发展。在人工智能、汽车交通领域围绕技术和百度地图，百度参与无人驾驶、共享用车、拼车服务等方面。在医疗健康方面，百度加紧对医院、药店和 C 端的布局，成立移动医疗事业部。

腾讯作为社交流量大户，一方面在社交 SNS、游戏、泛文娱、本地生活等优势业务上进一步加强，另一方面也在金融、电商、医疗健康等领域继续加大投资。腾讯聚焦于“链接 + 内容”的模式：在链接上让微信作为用户的入口、支付的闭环，形成分发入口；在内容上围绕游戏、文学、动漫、影视四个方面形成文娱帝国。金融板块随着微信支付的迅速发展，理财、银行、征信业务也在积极探索，并投资京东金融尝试组成金融联盟。

平台模式的精髓，在于打造一个多主体共赢互利的生态圈。

将来的平台之争，一定是生态圈之间的竞争。

生态圈是未来公司成功的根本
（扫码，转到喜马拉雅 FM 收听课程语音；荔枝、蜻蜓 FM 搜索“万建峰”即可同步收听）

第二节　小米充电宝：为什么又便宜又好用

产品用的人多了，就成了平台

小米不仅是一家做产品的公司，更是拥有平台的公司。小米通过做手机标准品，用 360 做软件（在第三章里面我详细介绍了 360 的盈利模式）的办法，零利润来获得用户，建立平台，然后卖相关产品。而产品和平台是互相影响和促进的，一款爆品也可以形成一个平台，比如小米手环自身可能是一个平台，一旦有 1000 万人拥有了，它就是个平台。这个也是“量变到质变”的过程，**走的人多了，就成了路，而用的人多了，产品就成了平台！**

在拥有平台和用户以后，盈利点可能未必是从建立平台的那个产品做起。小米用性价比极高的手机占领了一定的市场份额以后，就利用这个平台推出了一系列的产品，比如小米的充电宝、插线板、手环以及小米耳机。

做小米充电宝的紫米科技，配置高品质的电池，采用高品质的工艺打造，于 2013 年底推出铝合金外壳 10400 毫安移动电源，售价为 69 元人民币（这样的配置，传统的电源公司售价为 200 元）！因此这款产品一上市就供不应求，一个月销量接近 300 万只。

做小米耳机的 1MORE（万魔声学）公司于 2014—2015 年销售 2000 万条活塞耳机，销售额超过 20 亿元。

青米公司（小米生态链公司）出品小米插线板，3 插孔十 3USB 接口，售价 49 元，质优价廉。

小米彩虹电池，10 节售价 9.9 元，质量不错，价格只有市场上其他品牌的一半，这让南孚、超霸、金霸王怎么办？每节电池不同颜色，用户换电池的时候，不会弄错新旧电池！

当然，像小米这样的平台公司，订单数量巨大，能够拿到市场供应商的同等质量的最低价格。这也是**大流量平台公司的定价能力，极致产品却能极低价格，一旦形成平台化的竞争能力，也是让一般公司很难短时间超越和模仿的**。

小公司的机会：价格竞争转移到价值竞争

从制造业角度来讲，世界上肯定有比小米充电宝更好的充电宝而小米采用的是破坏式创新的策略，通过快速迭代，面向中产阶级，提供**性价比适度**的产品：在这个价位上，小米是市面上最好的。

在我国，未来 20 年都是创业的良好机会，因为整个社会升级了，有大量的中产阶级崛起，大家对品牌和品质有强烈的需求。

在互联网时代，坚持高品质的厂家，完全可以忽略附近追求低价的用户，而能够在全国甚至全世界的大范围内找到那些对品质需求高的用户，从而实现高成本、高品质、高价值，带来的是高价格、高利润，这个模式叫**“高价高质大量”**。

这里，小公司的机会就来了：

目前，个性化的消费会让很多的小公司、小品牌有机会出现在大范围内的小部分人群中。这部分人群的比例不高，但是从全球范围来看，绝对数却不少，这就是小而美公司的小众品牌的精准目标用户。如果你能把一个小众商品，做成“窄众商品”，进而成为“爆品”，那回报就更高了。

所以，对消费者来说，最合适的产品就是最好的。再者，我国未来可能有 3 亿～ 4 亿人数的中产阶级崛起，这些人足够让小米这样的公司开拓市场了，更何况还有更大的国际市场。

第三节　亚马逊书店和超市：线上线下的平台

亚马逊的实体书店

亚马逊起家是把线下的书店搬到线上，改变了传统书店盈利的方式，实现了赚钱不靠热门靠冷门的盈利目标。

不过亚马逊的神奇，还在于它把平台延伸到了线下，居然又把线上的书店开到了线下！

亚马逊的线下书店采用“互联网 + 书店”的方式。一些开了几十年的老牌书店在网上销售不及亚马逊，想不到在线下还是不及亚马逊。

那么亚马逊开设的线下书店，到底是怎么卖书的呢？

在亚马逊的书店中，所有的书都是封面朝外而非书脊，这样顾客可以清晰地看陈列图书的信息。不过这也局限了店内书的种类，近 400 平方米的书店内只有 3000 本书。所陈列的每本书的下方都贴着一条经过挑选的读者评论。书店的整体布局是由算法支撑的，中心区域是评分在 4.8 分以上的图书，还有按照亚马逊收购的书评网站 Goodreads 排行榜推荐的图书专架，以及“人们在 Kindle 上 3 天能看完的书”——不难想象大都是科幻和冒险类。

大多数排行都是销售型导向的，这意味着卖得越好的书越可能出现在这里。这也可以解释，为什么亚马逊的实体店不需要放太多品种的书。因为冷门的图书放在这里也是浪费，冷门的专业图书的购买者会去网店搜索。亚马逊清楚地“预先判断”哪些书值得出现在实体店；而传统书店不能预先判断，只能尽量丰富陈列书的品种。

值得注意的部分是书店中央的一面墙上加了一块牌子，写着：如果你喜欢左面的图书，你一定会喜欢右边的书；如果你喜欢《消失的爱人》，你可能会喜欢《火车上的女孩》；如果你喜欢读罗恩·彻诺的《汉密尔顿》，你可能爱看《联邦论》。这种基于大数据的在线推测，实实在在地被摆在了物理空间。

在店内，你听到最多的一句话是：“你是亚马逊的 Prime 会员吗？”因为Prime 会员享受的福利直接在价格上体现了出来。店内所有的书都未标价，通过机器扫码会显示出 Prime 会员价和原价两个价格，比如《火车上的女孩》的两个价格分别是 19.85 美元和 40 美元。如此鲜明的价格差也在激励更多人注册 Prime 会员。此前有数据显示，会员在亚马逊上的消费比非会员多出 17 倍。这才是这家书店的真实意图：把更多人变成它的 Prime 会员。

事实上，这不仅是真正的书店，更是亚马逊的展示空间。书店内有专门的区域摆着亚马逊旗下的电子设备，比如人工智能设备 Echo 和 Echodot。这两个智能工具能通过语音控制你的智能家居产品，包括灯光、恒温器、门锁。这是亚马逊很看重的未来市场和阵地。当然还有电子阅读器 Kindle，是必不可少的陈列设备。

亚马逊的实体超市 Amazon Go

2018 年 1 月亚马逊把线上百货的销售大数据应用到了线下，开起了实体店 Amazon Go，号称“不排队，不结账，不焦虑”的实体超市。

Amazon Go 颠覆了传统便利店、超市的运营模式，使用计算机视觉、深度学习以及传感器融合等技术，彻底跳过传统收银结账的过程。这背后是以人工智能、大数据、生物识别、物联网为代表的核心技术在支撑。

对于 Amazon Go 这种“Just Walk Out（拿了就走）”的新业态，用户的体验是：走进超市以后，用 Amazon Go 应用登录，当你拿取货物后，它就会自动加入你的虚拟购物车中（当你不想要放回货架以后，它也会自动从你的虚拟购物车中扣除），然后系统会自动算账计费，无需排队收银。当然也没有任何的收银员，你可以大大方方地从超市出去。这是亚马逊已经实现的“拿了就走”。

关于亚马逊超市的介绍，可以扫码阅读，里面包括相关的视频和动画能帮你深度理解。

这家公司开启了颠覆电商零售业的革命
（扫码，即刻阅读此文）

第四节 草根创业：建平台不如用平台

前几年老是有朋友对我说，他有信心和能力打败淘宝，建立自己的平台，从而吸引全国的卖家和买家。事实上，历经多年发展，BAT 的平台更加壮大了，已经形成难以超越的竞争壁垒，作为普通的用户，不如先面对现实，再去想办法实现自己的理想。

前面提到的罗振宇，创业初期的音频通过喜马拉雅 FM 发布，视频通过优酷发布，用户沟通使用微信公共平台，他只提供核心内容，并不涉及平台建设。

360 百科：papi 酱

还有一个人的成功值得关注，那就是“集美貌与才华于一身”的 papi 酱。papi 酱的成功，也在于她善用平台。这位中央戏剧学院的毕业生，作为导演和演员显然不是成功的，不过她利用所学所能，换个战场，换个角度，通过网络发布了看上去“不是那么专业”的短视频，也没有走通常的“美女”路线，反而以浮夸的表演风格，以发秒拍和小咖秀短视频的形式，用常见的无厘头恶搞视频获得了无数网友的点赞和转发。

papi 酱最终凭借变音器发布原创短视频内容成为网络红人，并获得超级红人节微博十大视频红人奖，从此奠定其网络地位，并获得多项投资。

通过微博、优酷和微信，这位集制片、导演、主演、效果、发布、推广于一身的美女，没有成为好导演、好演员，却成了一个“超级网红”。回顾她成功的原因，应归功于她善于跨界，用专业能力制作非专业内容，提供了网络稀缺的“优质”搞笑短视频；她善用平台，在短时间内获取了海量的用户，取得巨大关注。

作为一个创业者，你想改变世界不是不可以，不过应先集中力量提供你的核心内容和价值，尽可能多地“出现”在网络上，这样你的成功机会就会多很多。

所以，不管你做内容还是做产品，善用平台，一种视频也能成功，一种产品也能成功，站在巨人的肩膀上，可以看得更远！

一个产品一个平台，成功在于善用平台
（扫码，转到喜马拉雅 FM 收听课程语音；荔枝、蜻蜓 FM 搜索“万建峰”即可同步收听）

第五节　万老师：善用平台，先变型，后转型

看了本章，你对平台的认识应该不仅仅限于天猫、京东、亚马逊。

一个产品（爆款）也可以成为一个平台，一个人（超级大咖、网红、IP）也可以成为一个平台。

平台 = 产品 + 用户 + 企业 + 员工。“一个人比不过一群人，一个产品比不过一组产品，几个用户比不过一群用户，一个公司比不过一群公司，一群公司比不过一个平台”，这应该是平台思维最好的解释了。

小米的案例是有代表性的：小米可以通过手机切入市场，最终影响到的是网络和电子化生存的中产阶级，形成了“米粉”这样的一个族群，而平台上更多的精准产品带来了更多细分高额的利润。

以下几个问题，可以帮你再深入思考：

小米体验店，是不是只有手机？小米为什么能销售那么多周边产品？小米未来是否可能销售袜子、销售家具？

如果手机不是小米利润的全部，那么小米的利润到底来自哪里？

所以，一个平台，对外是产品和用户的互动与共享，对内是老板和员工的共创与共赢。

作为传统企业，能不能利用自己在某个领域的制造能力，用自己最有优势的产品，在互联网市场中切开一条缝，最终影响到一个群体，开辟一条**先变型**、**后转型**的道路呢？

而作为普通人，应该多利用现有的平台。这个平台可以来自你任职的公司，

也可以来自第三方的公共平台，但它们都胜过你自建一个平台。先通过平台成功，再想办法改变世界，这样更靠谱！

第11章

跨界，想做将军的厨师成了一位好老师

和拳击冠军比游泳，和游泳冠军比拳击，你可能最终成为冠军！

为什么打败行业第一名的往往不是同行？

大公司普遍焦虑，而小公司群体兴奋意味着什么？

周黑鸭并非来自大城市而成功，带来了什么市场信号？

万老师身边两个草根的逆袭故事，给我们带来了什么启示？

互联网和科技的发展，到底会让你失业，还是会让你创造财富？

“不务正业”为什么在这个时代却是一个流行趋势？

这个时代，专业是否重要？

从比尔·盖茨到乔布斯，从马克·扎格伯格到马云，他们的成功，是否预示着学习成绩不是很重要？

马斯克的火箭上了天，他的超级高铁和火星移民能不能成功？

第一节 颠覆：再好的马车比不过最差的汽车

吓尿指数

未来学家库兹韦尔提出了**“吓尿指数”**：把一个生活在若干年前的人带到我们现在的生活环境，他如果被现在的交通、科技、生活状况吓尿，那么这个若干年就是我们这个世纪的吓尿指数。

吓尿指数反映的是一个时代的发展速度，满足吓尿单位所需的年代间隔是不一样的。在狩猎采集时代满足一个吓尿单位需要超过 10 万年，而工业革命后一个吓尿单位要 200 多年，但互联网时代，一个吓尿单位可能只有 10 年！

再好的马车比不过最差的汽车

互联网跨界改变并颠覆了好多行业和产品，这些改变往往发生在我们身边。下面所列举的是其中一些有影响力的事例。

（1）数码相机 vs 胶卷相机。数码相机摧毁了胶卷相机。胶卷时代的老大是柯达，而数码相机的老大是佳能、尼康、索尼。不过你可能不知道，数码拍照技术是柯达发明的，但为什么柯达就不愿意推广这个技术呢？因为柯达有一个盈利非常好的产品就是胶卷，如果推广了数码技术，那胶卷就不能盈利了。等到佳能、尼康上市后，柯达想做就来不及了，因为佳能和尼康已经在普通用户的脑海里建立了认知。

从定位理论讲，这是一个认知，一旦建立，很难摧毁。比如人们看新闻——用今日头条 App，去屑洗发水——海飞丝，辣酱——老干妈，最安全的汽车品牌——沃尔沃，最舒适的汽车品牌—奔驰，最好操控驾驶的汽车品牌——宝马，占有率最高的汽车是丰田。一旦建立认知，别的品牌机会就相对少很多了。

百度百科：摩托罗拉

（2）智能手机 vs 传统手机。手机品牌摩托罗拉（Motorola Inc），翻译成中文叫“飞翔的声音”。摩托罗拉是在第二次世界大战中为美国军方提供无线通信的技术公司。第二次世界大战结束后，这些通信设备和技术转为民用。

模拟手机　数字功能手机　早期智能手机　现代智能手机

第一代摩托罗拉的手机，大小如一块砖头。接着来自芬兰的诺基亚也成了手机的一个重要品牌。这两个手机品牌曾经一度称雄于传统手机市场。

而智能手机发明者苹果公司推出的第一代智能手机，彻底颠覆了用 PC 机思路制造手机的想法：诺基亚发明过一个全键盘的手机，而苹果彻底取消了实体的键盘。

智能手机出现后，传统的手机就没有活路了。后来摩托罗拉卖给了谷歌，因为摩托罗拉还拥有大量的移动专利。

当诺基亚 CEO 约玛奥利拉在记者招待会上公布同意微软收购时，曾说了一句话：“我们没有做错什么，但不知为什么我们输了。”听起来充满了无限的伤感和无奈。

当然，现在和苹果竞争的公司更多了，华为、三星等公司均是数一数二的大公司。

（3）在线视频 vs 电影院。尽管现在电影行业发展还不错，但泛娱乐的市场则更加火爆，各种网剧、独播剧、真人秀已经处于如日中天的状态。比如2017年广受欢迎的电影是《摔跤吧！爸爸》，电影院上映的同时，在线视频平台也在热播，线上线下呈现了一种互为促进的景象。

2017年有一部很棒的美剧回归了，这部剧就是《越狱》。如果通过传统的方式，我们永远不可能看到这部美剧，事实上《越狱》并没有被正式引进。从严格意义上讲，所有人都是在互联网上传播和观看的，可以称为“盗版”。不过相比传统的盗版生意，这其实也是很有难度的。传统方法是：你要找一个加工厂，把这个电影刻成光盘再去卖。而现在一个音频或者视频，通过互联网传播的速度太快太远。尽管我们不支持盗版，但是这个绝对会影响到影视行业的发展方向和传播渠道。

（4）在线音乐 vs 广播、唱片。2005年，全世界的音乐行业收入猛烈下跌，根本原因是互联网音乐的兴起，完全颠覆了原来音乐行业的盈利模式：唱片和CD的销售。

在线音乐的兴起，让唱片基本绝迹，也没有超级畅销的“白金唱片”（销售量达到100万张的唱片）的出现。据说世界上最后一张白金唱片是2005年美国后街男孩组合创造的。

当然在这些“惨淡”数据的背后，却是互联网音乐疯狂播放的现实。比如截至2016年1月，在YouTube上播放了25亿次的《江南Style》可以被折算成167万张唱片销量，实际上也是一张不折不扣的“白金唱片”。这位来自亚洲岛国的韩国歌手“鸟叔”(Psy)的《江南Style》于2012年上线，成为YouTube上播放量最高MV，而后其延续了长达五年的霸主地位，终于在2017年的7月被《See You Again》（电影《速度与激情7》原声片尾曲和主题曲，由哈利法和普斯共同演唱）取代。

音乐环境的变化，也影响了音乐人的行为，因为现在再也难以产生类似“四大天王”、摇滚巨星“杰克逊”这样的明星了。

音乐人从传统的反对盗版和打击盗版，到现在主动提供新歌下载、鼓励粉丝分享的行为，表现出了不靠“销售歌曲”赚钱的新思路，开辟了“免费音乐”盈利的新模式（粉丝经济，依靠演唱会、产品代言、签售等盈利）。

（5）在线新闻 vs 报纸、杂志。新闻行业也发生了巨大的变化，明显的特征是报纸和杂志的销量下降了，近几年已有好几种报纸停止了发行。

目前看新闻较常见的 App 是腾讯新闻和今日头条。

为什么腾讯能坐在新闻发布头把交椅上？因为腾讯牢牢抓住了我国海量的头部用户。最简单的例子，在微信中经常出现的腾讯新闻，就足够让我国大部分用户“无奈选择”了腾讯新闻。

当然，还有拥有大量客户的“今日头条”，依靠大数据掌握了你的阅读爱好而精准推送“对你胃口”的内容，叫人无法抗拒。

（6）搜索引擎 vs 图书馆。搜索引擎出现以后，上图书馆查询资料的习惯就消失了：搜索引擎查遍全世界。更何况电子书的普及，借书这个行为也越来越淡化了。而逐渐兴起的是数字图书馆以及垂直化的数字查询系统，比如出现了提供学术资料查询的专门平台。

（7）网上购物 vs 百货公司。网上购物对于门店销售的颠覆是显而易见的，不过也催生了线下门店的新业态，各大品牌越来越注重线下体验中心的建设，银泰、万达里面生意最好的，往往是与吃喝玩乐有关的高体验产品。

（8）互联网教育 vs 传统老师。未来学校的教育模式可能被颠覆，高校的围墙会彻底消失。差的老师会被淘汰，优秀的老师会越来越有价值：首先，不出现 = 不存在，优秀的老师可以通过互联网接触到大范围的用户；其次，精准度越高，用户对价格的敏感度就越低，优秀的老师的价值通过互联网得到体现。

（9）网络支付 vs 信用卡、现金。在线的支付手段进一步让生意摆脱了时间和空间的限制。人类最早时候的交易是物物交换，交易的范围受到局限。然后，用金银作为交易媒介，一直到纸币的发明，通过国家的信用保证，才让全国乃至全球的生意得以开展。不过网络支付出来之后，彻底让生意和支付摆脱了任何媒介，甚至都不需要印刷那么多纸币了，人类的支付行为达到了前所未有的便捷和通畅。

2003 年 10 月支付宝诞生，那时绝不会有人能想到它会对银行构成威胁。10 年后的 2013 年 6 月，支付宝的“兄弟”余额宝以其高收益和低门槛，迅速蚕食全国银行市场。随后上场的微信支付也不逊色，依靠海量的存量用户，迅速获取市场份额。

国内的网络支付发展迅速，一方面得益于两个支付巨头的竞争（支付宝和微信支付），另一方面也是因为我们的信用卡普及程度不够。错过了信用卡时代，反而让我们快速进入网络支付时代，这点让美国都自叹不如。

当然让传统金融行业更为头痛的是，这些来自互联网的竞争者，根本不按照金融行业的规则出牌，让传统金融机构来不及，也想不出好的办法来对抗。

还有一种更加超乎想象的数字网络货币——比特币，甚至完全摆脱了国家的界限。

（10）在线导航 vs GPS、地图册。现在出行，再也不用担心找不到路，更不用购买地图册，或者给汽车安装一个 GPS 导航。

在线导航成了免费的基础服务，百度地图、高德地图、腾讯地图等提供商，更多的关注点在于通过地图，获取用户的位置以后，可以及时推送周边的服务（LBS，基于地理位置的服务）。这个业务反而成为地图业务的重要收入。

（11）互联网百科 vs 大英百科、微软百科。维基百科和百度百科的出现，让互联网百科直接超越了人类历史上所有的百科全书，因为后者的编纂者是大众。事实证明，大众的智慧远远超过了少数专家，不论词条的数量和质量，还是更新的速度，都达到了令人吃惊的程度。比如上午发生的大事件，当天中午相应词条已经在百科上出现了。

（12）优步、滴滴 + 共享单车 vs 出租车。优步、滴滴的出现，解决了城市出租车运力不足的问题，更解放了大量的空闲车辆和剩余劳动力，减少了城市交通拥堵状况（提高了车辆的载客率），当然也对环保有贡献。而共享单车进一步解决了我们最后一公里的问题！所以城市出租车的运营权再也没有像原来那么值钱了，我们也好像没必要购置自行车了。

未来，可能也不需要拥有私家车了。

互联网跨界，手机、音乐与货币的深刻变革
（扫码，转到喜马拉雅 FM 收听课程语音；荔枝、蜻蜓 FM 搜索“万建峰”即可同步收听）

第二节　行业跨界：干掉你的不是你的同行

随着互联网等科技的发展，很多产业的边界变得模糊，互联网的触角已无孔不入，如零售、图书、金融、电信、娱乐、交通、媒体、金融等。

每个行业都面临着巨大的挑战和机会。这些传统行业被颠覆的过程都很有特点：颠覆往往不是来自同行，而是来自外界。

移动和联通的对手到底是谁

网络流传着一个段子：移动说，和联通斗了这么多年，才发现，原来腾讯才是我们的竞争对手。

这段话，总结概括了微信快速颠覆三大通信运营商盈利模式的过程。

微信摧毁短信：每条短信 0.1 元太贵了

中国移动 2010 年短信收入为 468.89 亿元，短信一直是中国移动最赚钱的业务。当时我们用手机聊天，几乎都是用短信功能。不过 2011 年腾讯微信呱呱坠地，从此短信业务持续下跌，直至今日，短信已经沦为收发验证码的工具，我们再也不用付一条 0.1 元如此“昂贵”的信息服务费了。

微信摧毁通话：微信 6.6 可能让你的手机号码从此失效

2017 年 12 月 11 日，微信推出了 6.6 版本，里面有一个功能是革命性的：微信的语音聊天可以像系统电话一样接听！

原来的微信版本中，语音聊天只能在 App 内接听，锁屏的手机也只能先解锁，再打开微信接听，很多用户在锁屏状态下会错过微信好友的呼叫。

而此次更新之后，在收到微信语音提醒时，就如同手机电话的界面一样，窗口会显示在最前端，并且还会像来电那样响铃声！

更棒的是，微信语音对话记录也出现在手机通话记录中，点击回拨的结果是，自动调用微信音频，回拨你的微信好友，即可语音聊天。这和普通电话几乎没有差别。

当然，如果这样的电话成为主流，那么时常接到垃圾电话这一情况就会成为历史。事实上，已经有大量用户转向这个免费的“电话”。可想而知，三大运营商赖以生存的“语音通话”的收费项目危机重重啊！

腾讯公司发布的 2017 年微信数据报告显示，每天有 2.05 亿人次音视频成功通话记录以及 61 亿条语音从微信发出，日均消息达到 380 亿条。而音视频通话月人均成功通话次数达到 19 次，人均时长 139 分钟，较去年同期分别增长了 135% 和 114%。

微信的使用量越多，对传统运营商的通信业务的影响就越大，使用传统手机打电话的用户就越少。微信 9 亿用户一个月使用音频或视频通话的时长高达 1251 亿分钟，如果按照当前的全国通话费 0.1 元 / 分钟计算，相当于为用户节约了 125 亿元 / 月，一年就是 1500 亿元！

对于三大通信运营商来说，此前两大盈利产品——通话和短信（本来还有一个彩信，却早已经被人淡忘），将逐渐淡出用户视野！

运营商，变成了一个提供流量的管道。

谷歌推出“热气球网络计划”

众所周知，谷歌的服务特点是免费，它经常利用免费的服务与传统的收费服务对抗。谷歌为什么有如此巨大的财力去提供大量免费的服务？答案是谷歌的分类广告业务带来巨大的收入（谷歌一天赚 1 亿美元）。所以谷歌的模式是，提供大量的免费服务，做大用户数，而不用担心这些服务的投入会影响到它的基本生存。

谷歌推出的“热气球网络计划”是在农村、偏远和不发达地区放置一个热气球，组成一个无线网络，为更多尚未联网或网络条件不稳定的地区提供更加廉价的互联网服务，填补网络服务的盲区，或帮助受灾断网地区恢复网络。每个热气球可以为其下方 40 公里直径的地面区域提供网络连接，网速可以达到目前 3G 的水平。热气球下方的用户在屋顶上安装一个特殊的网络天线，就可以接入热气球提供的网络服务。网络信号会在热气球之间不断反射，然后接入地面的全球互联网服务。

谷歌全球免费服务，电信、银行可能被摧毁
（扫码，转到喜马拉雅 FM 收听课程语音；荔枝、蜻蜓 FM 搜索“万建峰”即可同步收听）

谷歌一旦全面提供这个服务，通信运营商最后的盈利业务也将失去！设想一下，我们的手机接入移动供应商的目的是什么？打电话、发短信，还是仅仅用来上网？目前主要功能是上网，通过互联网社交软件，和朋友、伙伴沟通，比如前文说过的微信、QQ 等软件。

我们做一个假设：如果现在把手机里的 SIM 卡拿出来，请问对我们的影响大不大？有一点影响，不过如果有 WiFi 接入的话，影响就不大了，因为大部分朋友还是可以联系上的。

所以，今天网络信号比移动电话信号更重要，而移动网络接入服务一旦被免费替代，那么三大运营商的业务就要被完全颠覆了！

原来移动、电信、联通是互相竞争的，但最终竞争不过外来的微信。

教育行业也是这样：没有一所大学会产生一个摧毁自己的教学体系，新的教育革命往往都来自外部，比如新东方教育、互联网的公开课——慕课，还有门槛更低的微课。

外卖打败了方便面：康师傅真的没有错

最近几年，我国的方便面销量持续下滑，企业叫苦不迭：2017 年方便面的销量比 2015 年减少了 13 亿桶！

据世界方便面协会的统计，我国是全世界方便面消费量第一大国。在 2015 年全世界总消费的 977 亿份方便面中，我国的销量就达 404.3 亿份，几乎是排名其后的 8 个国家销量的总和。其中，由我国发明、在我国最为畅销的红烧牛肉味方便面，也一直在全世界单品口味销量上排名第一。

为什么最近三年方便面销量剧减？

与之形成鲜明对照的是，2012 年以来，网络订餐市场规模增长迅速，平均增速 50% 左右。原来方便面被外卖打败了！在家叫外卖越来越省事，比如饿了么、美团外卖、百度外卖等服务，方便到比烧水泡面还要省事，用户还有什么理由吃方便面呢？

还有一个原因是高铁取代了慢火车。原来慢火车是最大的方便面卖场，现在高铁乘客在车上用餐的机会减少了。

康师傅可能并没有做错什么，甚至比以前更优秀、更勤勉，但由于火车提速了，外卖来了，便利店开了，那么其必将面临巨大的困难。

不过，方便面还有没有希望？如何破局？答案是有的。方便面公司完全可以通过技术改良，提高产品的健

他是“方便面之父”，破产 3 次，被捕入狱，60 岁靠一个“杯具”改变了世界

康指数和安全程度，并提供更多的口味给消费者，消除消费者的成见，使方便面成为上得厅堂的美味食物。

从电话到微信，从方便面到外卖，可见当商业环境发生改变时，我们发现以前看似理所当然的商业理论，突然并非那么坚不可摧了，我们所坚信的一些方法和理念，可能只是在那个特殊环境下的临时解决方案，如果整个时代变了，就像从中生代白垩纪进入新生代，上一个时代里统治一切的恐龙，可能转瞬就会灭绝。

其实可怜的恐龙并没有错，同样，努力的方便面也没有错。

明白了这个道理，我们想想，从公共汽车到私家车再到共享汽车，从自行车到城市公共自行车再到共享单车，充分体现了产品思维到用户思维的转化过程，前者需要做出更好的车，而后者更关注用户快速用车、方便到达的使用体验。

在这个时代，你永远都不知道对手是谁。当三大运营商还在把彼此当对手的时候，突然杀出了一个腾讯，颠覆了他们的核心产品，等他们清醒过来的时候，为时已晚！

当银行还在为各自的业务争得不可开交的时候，阿里巴巴的支付宝来了。当初他们看不起的产品，成了他们最可怕的对手！

这是一个摧毁你，却与你无关的时代；这是一个跨界打劫你，你却无力反击的时代；这是一个你醒来太慢，就不用醒来的时代！

现在各种行业的巨变还在进行，有的明显已经颠覆了现有的行业模式，但更多的巨变还在萌芽，大部分还不为我们所知，我们只知道这些变革根本停不下来。其实回溯互联网时代以前的科技、商业发展历史，也印证了这样的发展轨迹。扫码阅读凯文·凯利的演讲译稿可以让大家深入了解。

未来20年科技的必然走向（凯文·凯利演讲）

第三节 跨界出豪杰：乔布斯、马云、里根

乱世出英雄，跨界出豪杰，跨界未必发生在互联网行业，历史上很多成功人士，都是依靠跨界获得成功。

乔布斯，跨界成功的典范

讲到个人跨界的故事，乔布斯绝对是典范，尽管跨界在初期是被逼的！

1976 年 4 月 1 日，21 岁的乔布斯与 26 岁的斯蒂夫·沃兹尼亚克在自家的车房里成立了苹果公司。乔布斯进入了个人 PC 机领域，而他们的自制电脑则被追认为“苹果Ⅰ号”电脑。后来由于乔布斯的经营理念与当时大多数管理人员不同，加上 IBM 公司推出个人电脑，抢占了大片市场，总经理和董事们便归罪于董事长乔布斯，在 1985 年 4 月经由董事会决议撤销了他的职务，乔布斯于 1985 年 9 月 17 日离开他一手创办的苹果公司，从此开始了真正的跨界之旅。

离开苹果公司后，他创立了 Next 公司和 Pixar 动画创作公司，其中 Pixar 公司改变了电影行业，推出了经典的《玩具总动员》等一系列动画电影，开创了 3D 动画时代。后来他回归到苹果公司之后，因为他发明了 iPod，又改变了音乐销售行业。在 iPod 的基础上，他增加了一个通信功能，形成了 iPhone，颠覆了手机行业，开创了智能手机时代。接着他推出的 iPad，彻底改变了人类阅读、游戏的方式，也使媒体被彻底改变。

乔布斯是一个敢于跨界的人。在大学期间，他迷上了东方的禅学，辍学之后，常到社区大学旁听书法课等课程。乔布斯曾认为书法选修课对他至关重要，虽然他学习了英文书法，但一直没用得上，直到他开发 Macintosh 的时候，才突然发现：哇，原来我可以在电脑上将书法排版与美学有机结合。

乔布斯横跨电脑、互联网、电影、媒体、通信多个行业，每个行业的发展历史上，都留下了他的烙印。

乔布斯曾说过，在成长的道路上你会遇到很多看似无用的学习机会，如果你有好奇心，可以先学习，等到某一天，过去所有学过的这些“点”自然会连成一条线，而这些点会成为你最终成功的元素，这个过程也形成了独特的你。

乔布斯在斯坦福大学演讲（在 2005 年 6 月 12 日对全体斯坦福大学毕业生的演讲）的结束语是“Stay hungry，stay foolish”。有些人把这句话翻译为“求知若饥，虚心若愚”，有些则把这句话翻译为“饥渴求知，虚怀若愚”。这些解读都包含了保持好奇心，不断追求成功，保持初心，用空杯心理对待新事物的意思。

马云：布衣首富

马云，出生于普通家庭，年少时爱好英语，曾经和一个同龄的老外有一段跨国友谊，也喜欢太极拳。经历三次高考失败，后毕业于杭州师范大学的英语专业，曾在杭州电子科技大学做教师。

马云的创业过程中有很多失败经历，他曾经做过翻译，也做过电话黄页，一次偶然的机会，他到了美国出差，接触到了互联网，从此一发不可收拾。

马云身上有三个重要的天赋：第一是他的演讲能力，第二是他的沟通能力，第三就是他的英文水平，这让他比普通人先一步了解世界。

现在想来，这些能力和天赋与他过去的经历都是紧密联系的。更重要的是，马云能够综合这些能力和经历，最终创造了一个互联网商业帝国。（关于一个人有时候有点“不务正业”到底好不好，大家可以参阅本章第八节相关内容）。

奇怪的是，连他自己都承认不懂电脑，不过这丝毫不妨碍他在互联网、商业、资本市场游刃有余。

里根：三流演员，一流总统

美国历任总统里面也有跨界人物，比如里根。里根在踏入政坛前，担任过运动广播员、救生员、报社专栏作家、电影演员、电视节目演员、励志讲师，并且是美国影视演员协会（Screen Actors Guild）的领导人。他的演说风格高明而极具说服力，被媒体誉为“伟大的沟通者”（The Great Communicator）。他是历任总统中唯一一位演员出身的总统。

统计表明，在美国人对历史上的总统排名中，里根总统名列前茅。无疑，在他所有从事过的职业里面，总统是他做得最好的。

我想是因为里根从影 30 年，从政 18 年，在这漫长的过程中，形成了复杂的性格和特殊的作风——丰富的表演能力、应对公众关系的能力——帮助他成功入选，并能够在公众面前“表演”自如吧。

美国总统特朗普，是历任总统之中就职年龄最大的。他是典型的商人总统，并且参加竞选以前，没有担任过公共职务。这个跨界成总统的现实版，引发了全世界普通民众对于从政的热潮，“如何从政”成了谷歌 2017 年热门词之一。

陆步轩：卖猪肉的北大毕业生

陆步轩，1966 年出生于西安市长安区，1985 年以长安区文科第一名的成绩考入北京大学中文系。毕业分配至长安区柴油机厂工作，后下海经商，先后做过多种职业，以“眼镜肉店老板”的身份闻名。

2003 年，一次偶然的采访，引发国内许多媒体相继以“北大毕业生长安卖肉”为题报道了陆步轩的现状。当时央视财经记者柴静专门采访了他，问他如何掌控自己的命运。陆步轩当时很羞愧，说给北大蒙羞了。他毕业以后开过工厂，从事化工方面工作，但是都失败了，实在走投无路，所以只能卖猪肉。他说：“命运根本不掌握在自己的手里。”

百度百科：陆步轩

但是命运的转折点就在他被媒体报道后，具有了影响力，变得有价值了。按照我的话，就是有机会“出现”在大众视野，具备了获取海量头部用户的价值。

2008 年 5 月，他在广州认识了同为北大校友、同是“卖肉佬”的陈生。2009 年 8 月，陈生邀他赴广州，提出开办“屠夫学校”，两个“卖肉佬”一拍即合。陆步轩第一次用上了北大中文系的专业知识，帮助北大经济系的同学，为屠夫学校编写教材，内容涉及市场营销学、营养学、礼仪学、烹饪学等学科。另外，他还要求学员必须到饲养场去了解生猪的科学饲养方法，希望培养出来的都是通晓整个产业流程的高素质屠夫。《猪肉营销学》成了国内少有的“屠夫”实战教材。后来陆步轩依靠自己的中文功底并结合自己的跨界职业，出版了自述人生的 20 万字纪实文学《屠夫看世界》。他们的猪肉品牌“壹号土猪”，已经成了猪肉界的翘楚，很多超市和菜场有其专卖柜台。

陆步轩的跨界尽管有点无奈，但大众对于北大高材生卖猪肉这个事件，从诧异、惋惜到理解、感叹，“陆步轩现象”引起了人们对就业观念、人才标准、社会分配等众多问题的深刻反思。

陆步轩没有在中文专业中取得成功，也没有在卖猪肉的岗位上取得成功，反而在猪肉销售的培训行业取得了成就，既证明了大学时代专业能力的重要性，也证明了后续“卖肉生涯”亦是宝贵财富：他是中文

两位“北大屠夫”的分叉人生：北大版伤仲永的陆步轩与百亿身家的陈生

专业里面最懂猪肉销售的，同时也是猪肉销售员里面最有文学功底的。这也充分说明了这个时代大众对于跨行、跨专业的发展已经有了充分的认识和深刻的理解，一辈子一个专业、一个行业、一个单位的情况未来会越来越少。

艺术漫画：人与动物互换身份的结果

比如，你懂一点漫画，但想要在行业里面名列前茅，客观上是很难的，因为漫画行业里面高手很多。

那么如何做到跨界呢？

用画画的方式告诉别人某个主题，用艺术的方式诠释另类的视角，效果会如何呢？

比如，定一个动物保护的主题，如果人类和动物的身份互换，这世界会变成什么样？

艺术家 Barbara Daniel 就把这一切画在了纸上，在她的笔下，动物和人类互换了身份，使人类成了动物的盘中餐、宠物以及被猎杀的对象。

扫描右边二维码观看她的一组画。

跨界艺术：动物权利用这样说明

看了你就会明白，漫画 + 动物权利的跨界行为，最终让这个艺术家出现在我们面前，而这个主题的漫画风靡全球。

第四节　互联网 + 小公司、小品牌、小地方：小产品也能有春天

现在“互联网 +”非常热门：

互联网 + 传统广告就变成了百度、谷歌；

互联网 + 传统集市就变成了淘宝；

互联网 + 百货商场就变成了天猫、亚马逊、京东；

互联网 + 银行、金融，那就是支付宝，国外是 PayPal；

互联网 + 红娘，就是百合网、世纪佳缘、Match、Okcupid.com；

互联网 + 个人代理零售，就是微商。

微信营销，草根的大生意

2015—2017 年，伴随着微信用户的快速增长，微信营销成为我国热门的营销方式，而微商成了微信营销的一个亮点。

如果说网店颠覆了门店，那么微商把生意的门槛降低到了有个手机就能做的程度。

在互联肉出现之前，一个人准备做生意要符合什么条件？首先他要有一点资金，有一个门店或者一个网店，然后需要进货，准备一点库存。最后要认识这个行业的生意人，要有供应商，也要有一定的销售渠道，而且对这个产品要有一定的认识。

微商出现之后，“生意人”这个概念被彻底颠覆，人人可以做生意的时代真正实现了。

（1）低门槛进入。

不需要资金：成为代理但无须缴纳代理费用，也不用事先花钱备货。

不需要店铺：成交往往在朋友圈、微店，不需要传统平台的电商能力，比如淘宝店、京东店（打理一个网店其实是很有难度的）。

不需要库存：一件代发，用户付费以后才会发货。

不需要注册公司：只要有部智能手机就可以开始你的“生意”，甚至不用“上班”，也无须“考勤”，随时随地开始你的生意。

不需要非常专业：起步时不需要你有专业知识，通过在线的知识平台和代理商的知识包，获取基本的产品知识就可以初步开展销售，一旦渡过“小白期”，良好的品牌微商就会提供正规系统的培训。微商是目前培训密度较高的行业，培训内容涉及产品培训、营销能力培训、未来趋势培训，培训方式大多采用网络培训＋线下培训。

这种生意形式，极大地激发了大量的“底层”社会人群，比如低收入人群、低学历人群，让他们真正有机会和大城市的白领、高学历阶层站在了同一个起跑线上。

（2）大范围的传播和销售新渠道。产品到用户手里，不管是推广还是销售，再也不是依照传统按区域划分，完全可以实现工厂到用户，中间各环节尽可能减少，价格就有了优势。

（3）新媒体形式。产品与内容有机组合，形式有图文、视频，还有直播，真正做到了传播的过程就是销售的过程。

（4）高精度。大范围的传播，让线下的微商们有针对性地找到了用户。

（5）新市场。这个市场完全跨越了传统的市场构造，因为传统的市场构造是以地理位置划分的。

（6）高价值。从事移动电商的人群，快速致富成了常态。

微商这个职业基本的成功点在于：有网络，有一定的社会关系，必须要有朋友圈。

微商这个行业，经过 3 年的沉淀和积累，目前整个行业逐渐趋于规模化、正规化、品牌化，有了很多集团化的管理和运营模式。

比如万老师就用了一年的时间，给著名的微商品牌“欧诗漫”的 20 万微商大军做了在线的系统培训，为其中的 5000 名优秀卖家做了线下培训。

来自武汉的周黑鸭为什么也能畅销全国

传统的工业时代注重价值链，所有的资源匹配、所有的组织、所有的构架，都是以生产好产品为最终目标。但是互联网时代称之为价值环，所有的资源配置要围绕用户，最后得到用户体验。

原来的大品牌大都产生在大城市，然后影响二、三线城市，有机会再慢慢开始跨国。一线大城市，比如北京、上海、广州，人才多，创业环境好，人口密集度高，收入水平高，消费能力强，信息传播快，对周边地区有较强的示范作用和辐射能力，能让一个消费品牌迅速成名而崛起。同时能够获取发展需要的资金支持，即融资便利。

不过有些大品牌也有可能永远到不了小城市、小城镇，比如星巴克、哈根达斯，主要在一、二线城市发展，在县级市扩张就相对困难。最主要的原因恐怕就是价格，在小城市整体收入水平不高的情况下，30 ~ 50 元一杯的咖啡或一个冰淇淋球很难被接受。

那大品牌一定要标那么高的价格吗？就不能便宜点？答案是很难（大家可以回顾第 1 章第二节相关内容）。在一线城市的品牌，也面临大城市带来的高成本，所以在一线城市起家的消费品通常都很贵。所以大品牌的高成本高价格的背后，也有它的局限和不足，“优势反制”也体现在这里了。

而原来本土化的小品牌，依靠本地的成本、人力和价格优势发展起来，但是很难突破本地的局限而走出去发展，因为它很难一下子获得大城市那样的资源和机会，更没有大量的资金用于市场推广和营销。

不过最近几年，很多新涌现的品牌来自二线城市或中小城市。比如：周黑鸭，诞生在武汉；三只松鼠，诞生在安徽芜湖；还有最近很热的茶饮品牌“喜茶 HEYTEA”，起源于广东江门一条名叫江边里的小巷。

根本的原因是大城市依靠地理位置带来的资源效应正在被互联网冲淡，比如大城市的资金、信息、人口数量优势，而小城市的成本、人力、价格优势却又得到体现。

非一线城市的小品牌一旦有机会到大城市发展，除了能获得大城市带来的优势外，它的定位可能更加符合大众的喜好（比如周黑鸭卤味是符合大众口味的食品），定价也易被近中低层消费者所接受，少了一点商业化的营销和包装，往往更具备产品的本来属性，所以更加具有竞争力。

“互联网 +”的时代，小公司、小品牌、小地方、小产品也能有春天。

深度跨界，精准度开始奏效，广告变成你想要的精准信息推送服务商
（扫码，转到喜马拉雅 FM 收听课程语音；荔枝、蜻蜓 FM 搜索“万建峰”即可同步收听）

第五节　草根逆袭：万老师身边两个“小人物”的成功故事

大公司、大企业、大人物跨界成功的案例有不少，但普通人能不能成功跨界呢？作为一个极普通的小人物能不能实现逆袭吧？

“三步之内有高手，高手往往在民间”，下面是两个我身边朋友逆袭的故事。

草根摄影大咖

我有一个朋友，他是我的初中同学，上学期间学习成绩很不好。记得有一次他竟然在化学试卷上写了物理公式，我当时就笑出声了。可见从传统的标准判断，他在学校学习期间算是“差生”了。

虽然他顽皮而且不爱学习，但是他有很多其他的爱好，而给我印象深刻的是他对小动物很好奇（当然他生物课还是听得很认真的，特别是解剖动物的时候）。他会抓各种小动物来观察，品种包括蜥蜴、螳螂、蜻蜓、青蛙、蟾蜍、蝙蝠、蟋蟀、蚂蚱，甚至是毒蛇和蜈蚣。为此他没少受到批评和教育，因为这些在当时被认为是不务正业。加上他在儿童时期用药错误，导致听力不是特别好，更糟糕的是他的口齿也不是很清楚，和人沟通有障碍。我一直认为这两项也是他成绩不好的一个重要原因。其实他是很聪明的，有很多动植物的知识都是他告诉我的，比如什么时间钓鱼、甲鱼应该怎么抓，还有如何抓树上的知了、怎么正确吃知了等。抓黄鳝和泥鳅是他最拿手的技能。

当时我们都认为念书的目标就是成绩好，考上好的大学，将来有一份好的工作。现在回想起来，确实有一部分人不适合念书，但不适合念书不代表就不能成功。

我这个朋友，确实也为成绩不好而付出了代价。初中毕业后，因为学历不高，他在社会上很难找到工作，做了好几份工作也不见有成绩，不过依然喜爱小动物。他的家像是动物世界，有狗、鹦鹉、鹩哥（被他训练得能说话，会背唐诗），还有一大缸天价的鱼。后来的情况完全出乎我们的意料。

2017 年我们召开了初中同学会，几年不见的他一直在给我们拍照，拿出来的装备都是专业级的，拍出来的效果也令我们惊叹！言谈举止，大有摄影家的风范。

和同学打听才知道：生活一直不如意的他，在 5 年前的某一天，突然对摄影产生了浓厚的兴趣，并且意识到可以用摄影的方式来记录他对世界（特别是小动物）的观察。在收入有限的情况下，他筹钱购买了人生第一部佳能数码单反相机。

初期他在老家拍了一些老街、小弄堂的照片，当然还有他挚爱的小动物的微距写真，蜥蜴、螳螂、蜻蜓、青蛙、蟾蜍等。作为业余选手的他，经过几年磨砺和不断钻研（他的工作比较轻松，也有大量的空闲时间，这使他能够凌晨 3 点到海边拍日出和渔民出海捕鱼的场景。他会耐心细致地和晒太阳的老婆婆慢语，只为了几个难得的瞬间），在网络上发表了大量的照片。

接着他顺理成章地参加了各种比赛，并在好几个国际摄影大赛上获奖，成了国内摄影圈里的“大咖”级人物，慕名前来咨询、学习的粉丝络绎不绝。

现在他更加专业了，大赛的奖金用来升级装备，还掌握了显微摄影，能够把一只昆虫的复眼拍摄得纤毫毕现！下页图中的壁虎（局部）为其微距作品。

当然，一般的摄影场景对他来说更是不在话下。比如我的照片（下图），也是出自他之手。

当天他还专门讲解了一些我们日常拍照的误区以及用手机拍照的一些诀窍。我好奇地问了他几个问题：

（1）这么专业的摄影知识，你是怎么学习的？有没有专门参加培训或者找个前辈教你？

他说："自学，通过网络的视频、教程等资料学习和摸索。不懂的地方可以在线寻求帮助，看不懂的单词用在线翻译软件翻译。在网上发布作品后，虚心听取网友的评价，不断找差距，以缩小和获奖作品的距离。"

（2）如何参加国际摄影大赛？

他说："很简单啊，只要找到参赛的网址，把照片上传就可以了。照片的简介可以让网友帮忙翻译成英文。至于怎么知道这些大赛，以及参加大赛的细节，网上有详细的攻略，刚开始不熟悉，多看几次，后面就驾轻就熟了"。

听了他这些轻描淡写的解释和说明，和我印象中的他产生了巨大的差距：他不是学习不行吗？他不是英文水平很差吗？他不是不太会和人交流吗？没有接受过专业的摄影培训，也不懂英文，甚至没有踏出国门，这些限制完全没有挡住他前进的步伐。

现在回想起来，我发现原来最早实现跨界的人竟然是他：他对小动物的挚爱,这个“专业”正是来自多年“不务正业”的积累；他全身心投入的摄影工作，这份“专注”也来自他的沟通不畅而对外界干扰“有效屏蔽”。他的这些过去的“缺点”恰好成为现在的“特点”和“优点”：让他成为摄影行业中少有的懂小动物的人，爱小动物的人中具有高超摄影技术的人。这不就是对“跨界”最好的诠释吗？

衷心祝他越来越成功！

美丽的烘焙女网红

还有一个案例：我小学班主任的女儿，已经快到 50 岁了，在一个稳定的事业单位上班。应该说这个年纪生活在小城镇的女性,职业生涯已经接近尾声，大部分人开始规划退休生活了。但是在 4 年前，她爱上了烘焙，就在家自己动手做小饼干、蛋糕、面包等各种西点。她甚至自己花钱去法国学习，回来以后参加国内外各种烘焙比赛，并屡屡获奖。更重要的是，她不仅颜值高，烘焙手艺好，而且非常乐于和善于分享。在 1 年之内，在各种社交网络上，她募集到了 5 万多名粉丝。结果呢？生意模式自然产生了：每个星期，她都能从全国募集到 8 个人愿意付费学习制作漂亮可口的美味蛋糕。目前她 1 个月开 4 个班，学费 3800 元 / 人。

她在小镇专门找了一个地方，开办了一家烘焙培训室。小镇的场地又便宜又好，而且培训班的设备和材料也不贵，员工的工资也不像一线城市那么高，可以说她很好地利用了小地方的成本优势，又利用了互联网的推广能力，切中了发展的时机，在年近 50 岁的时候，迎来了一个华丽的转身。

野蛮的横向生长，“小人物”也会有粉丝

两个“小人物”没有扬名全国，也不可能风靡全球，不过这个时代野百合也有春天，身处陋室的“小人物”更是有春天！

传统的个人成长一定是依靠一定的组织，比如单位、协会，而这个时代用户“发声”的能力大大增强，完全摆脱了传统的成长路径。

如果你才貌兼备，可以直播推广产品或服务，如斗鱼、花椒、映客、快手、抖音都成了网红的战场。你也可以拍摄并剪辑短视频，比如 papi 酱、艾克里里风靡一时，粉丝无数。如果你有变现能力，可以直接在淘宝网络直播销售的模式，以样衣拍照、粉丝反馈、打版投产、上架淘宝的模式，颠覆了选款、上新、平销、流量购买、销售的传统电商流程。当然，如果你声音动人，或者内容吸引人，还可以在喜马拉雅 FM、蜻蜓 FM、荔枝依靠声音打动粉丝。如果形象、声音都不是你的强项，可以通过微信公众号、微博、知乎、A 站、B 站这些渠道，用内容获得粉丝。还可以专门研究搭配，用别人的产品产生新内容，蘑菇街、美丽说是你最好的展示平台。

“小人物”逆袭，在传统时代不是没有，但是可能性不高，根本原因是个人获取资源的能力很低，受到地域的限制，所以人们往往更倾向于选择好的大学、好的专业和职业，获得高收入，留在大城市生活和工作。不过你有学历、有专业，也有可能被现有的职业和工作牢牢绑住，被北上广的高房价压得疲于奔命，毫无生活情趣，更谈不上“诗和远方”。

这个时代，没有学历、收入不高、身处小城镇的“小人物”，还通过各种渠道，发挥自身优势，实现了逆袭。

我想，个人的跨界发展必然是一个很好的职业方向和手段，不过个人的努力和学习能力，特别是掌握知识的广度（反而不是深度的要求），是跨界重要

的基础。每一个跨界成功的人，看似偶然成功的背后，包含了长时间的积累和专注的学习，其实也是一个必然。

总的来说，这个时代的“小人物的逆袭”，不仅让我想到了**“行行出状元”，更让我想到了“英雄不问出处”**。

第六节　你的未来：失业还是创富，科技是好还是坏

历史上行业变革往往来自外部的技术推动

1998 年，柯达相纸占全球相纸销量的 85%，但那个时候很少有人会想到，3 年后你再也不会用相纸冲印照片了。

1975 年发明的数码相机，第一批只有 10000 像素。像所有的技术进步，在经过一段时间的低速成长之后，它就能变得卓越而成为主流。

当然，随着手机镜头和存储的不断提升，手机摄影又开始成为大部分用户的选择。

这样由盛转衰的案例，当然有很多，比如原来在手机行业处于老大地位的诺基亚和摩托罗拉。

在互联网环境下，传统产业 + 传统做法的结果肯定是倒闭和失业。历史上这样的例子不胜枚举。

汽车行业的里程碑不是汽车的发明，而是亨利 · 福特发明的汽车流水线。福特曾经说过："如果我最初问消费者他们想要什么，他们应该是会告诉我，'要一匹更快的马'。这说明人们不知道想要什么，直到你把产品摆在他们面前。正因为如此，我从不依靠市场研究。我们的任务是读懂还没落到纸面上的东西。"

亨利 · 福特的这段话，我是这样解读的：用户不仅不知道他们想要什么（直到有一天用户看到这样的产品），甚至于当新的产品、新的业态出现的时候，还会有很多人持非常激烈的反对态度。

历史不能重演，但却是惊人的相似。

Uber（优步）曾在美国遭到出租车司机的抵制，滴滴也曾在我国遭到出租车司机的抵制，但是现在共享汽车已经成为人们生活的一部分。

乔布斯曾说过：有些人说，消费者想要什么就给他们什么，但那不是我的方式，我的责任是提前一步弄清楚他们将来想要什么。

因为变革往往不是来自行业内部，也不是来自消费者，我们不能仅限于迎合用户的需求，而是要超越用户的需求，挖掘出他们内心最深层的需要。

技术持续发展带来的机会是颠覆性的

关于汽车行业，有以下的预测：2020 年左右，你也许就不想拥有自己的汽车了，因为那个时候，你的手机会帮你安排一辆车，它会出现在你所在的位置，并自动送你到目的地。你不需要自己开车，不需要停放车辆，你只需支付路费就可以一边坐车、一边办公或者娱乐。那个时候，你不需要考驾照了，也不需要车库和年检维修，更不用买汽车保险。随着智能自动驾驶的发展，将改进到 1000 万公里一次事故，每年将拯救上百万人的生命（目前全世界每年死于车祸的有 120 万人，每 10 万公里就有一次事故）。

你不必买昂贵的城市住宅，因为车辆总数变少，只需要现在汽车总量的 5% ~ 10%，停车空间可改造成公园和住宅，城市空间会极大改变。同时，工作、学习的就近原则也将发生改变，交通成本极大降低。而因为你可以在任何地方工作以及你上下班路上也同样具有生产力，你就会搬出城市，住到郊区、农村去，甚至不用到指定地点上班。它将改变每座城市，令房地产价值发生变化。试着想想，有没有可能那个时候市中心的房子反而无人问津呢？一旦太阳能和电动车成为主流，城市将更清洁、更安静，生活成本更便宜。

大多数传统的汽车公司试图通过改进及建造更好的车来提高竞争力，然而却有可能破产；而高科技公司如特斯拉、苹果、谷歌则以革命性方法，把电脑建在车轮上使其成为交通工具。在这个过程中，我们不妨再进一步猜想一下，它会推进多少行业的深入发展，比如化工行业、材料行业、通信行业、能源行业和环保行业会产生多少新的产业机会和工作岗位。

我们如何适应科技发展，并找到自己的机会

在社会发展和科技进步的过程中，个人应该如何应对并找到自己的机会呢？

说到底，在这个过程中，总会有人失业，有人创富，到底是机会多，还是损失多呢？

再讲一个身边的餐饮案例，我们来看看“饿了么”是如何满足潜在需求并创造工作机会的。

如果你一个人在家忙着工作，懒得自己做饭，又不愿意出门吃饭。5 年前你会这样做：在家里胡乱吃一点，比如来一包方便面，或者压根儿就不吃，权当减肥。现在你会这么做：打开手机 App 饿了么，通过附近的送餐服务来找到你想吃的东西。一般 30 分钟之内，送餐员就会带着你需要的餐点敲响你的大门。

这个过程说明，手机 App 的送餐服务，满足了用户大量的潜在需求，而这种潜在需求在过去的商业环境下往往被压抑了。说到底，不是因为用户不想吃，而是因为用户能吃到他想吃的东西的过程太烦琐了，或者说找到这个食物的门槛太高了，以至于在传统的商业环境下，用户不得不放弃。

你做马车夫还是驾驶员，你开出租车还是共享汽车，决定了你的未来

在互联网环境下，用户这些潜在的需求被精准地匹配和满足以后，带来了

许多直接和间接的就业机会："饿了么"有许多送餐的年轻人，他们来自社会的各个群体，创造着自己的职业价值。

饿了么的服务现已覆盖全国 300 多个城市，用户量超过 4000 万，加盟餐厅近 50 万家，日交易额突破 1 亿元，日订单量突破 330 万单。这一系列数字的背后，不仅体现了巨大的经济价值和社会价值，更是带来了数以百万的就业岗位，不论是求职者还是餐饮从业者，都成为餐饮新业态发展的受益者。

"饿了么"作为平台型企业，创造了许多直接和间接的就业机会

北京的萝卜白菜餐厅的即时配送团队就是一个典型的案例。

2012 年，老板曹阳和朋友开了这家餐厅，为了完成外卖配送任务，他招聘了 5 名配送员。不久后，外卖订单增长很快，这个小团队忙得不可开交，于是曹阳把配送人员增加到 10 余人。

接着呢，一个新的矛盾出来了：在高峰期，自己养的配送人员不够用；在低谷期，自己养的配送人员都闲着。能不能不用自己养人，让各个时间段有时间也愿意帮店里送餐的人去送餐并参与分利呢？

答案很快有了：2015 年 11 月，饿了么即时配送推出"蜂鸟众包"，调动最广泛的社会力量满足长尾的即时配送需求。"共享经济"的概念由饿了么率先引入外卖领域。短短四个月，全国数十万人就加入到众包配送的行列中。随着整个社会对于共享经济认识的不断深入，这样的即时配送就业岗位还在不断增加。

互联网与传统行业的结合，给了年轻人更多的就业机会。但是在科技发展过程中，一定会有人因此丢了工作，为什么？

正如汽车的发明会让马车夫丢了工作一样，马车夫一定会说，汽车不是个好东西；但汽车又带来了众多的岗位，比如驾驶员、修理工，更不要说大量的

汽车产业制造工人和背后的技术研发人员，甚至推动了石油行业的发展。

更重要的是，汽车的普及（请注意，重点不是汽车的发明，而是福特把汽车的价格降低到普通中产阶级家庭都可以购买），进一步让美国的汽车行业真正进入了新的发展高度。

这就说明，互联网等新科技带来的不仅仅是一些落后产业的消失，而是在这种转型的过程中，依靠满足用户的潜在需求带给原行业巨大增量，并带来其他产业的进一步发展。

所以，这个剧烈变化的过程中，单纯抱怨、抵触都没有用，既不能改变现状，更抓不住未来。只有看清方向，找到定位，快速转变，从马车夫成为汽车驾驶员，从汽车驾驶员成为共享汽车驾驶员，才是你保持进步不落后，也是你未来赚钱、创富的核心方法。

第七节　孩子的未来：成功靠右脑，再也不练金钟罩

2017 年暑假，我的女儿去欧洲游玩，回来问了我两个问题：

老外的数学为啥那么差？他们到底学习了什么？

这个问题，引发了我很多的思考和想象……

虽然他们的数学那么差，但是他们的技术在整体上还是领先我们，比如计算机行业，他们设计的 AlphaGo 打败了人类的围棋世界冠军。

未来，我们应该如何准备迎接人工智能并更好地融入全球发展？

如果我们在森林里遇到一万年前的古人，他们一定诧异于我们居然在森林里面还能活下去，既不会抓野兔、捕鱼，也不会自己取火保暖，更不会采摘果子果腹……他们怎么也不能想象，我们仅仅依靠某个能力就能养活自己，比如在纸上写字的作家，在布上涂鸦的画家……

再近一点，比如 30~40 年前，如果你不会做鞋子，不会打毛衣，不能做几道可口的饭菜，那在旁人眼里你基本上算是一个没有能力的人。而那些有手艺和资源的人，算是那个时代和社会有能力的人，比如驾驶员（特别是给领导开车的驾驶员）、木匠、5 级技工，好的职业有采购员、销售员、记者以及税务、银行、电力、石油、电信行业员工等。

现在，会不会打毛衣、做鞋子，会不会做菜、搞卫生，已经不是衡量一个人有没有能力的标准了，至少不是一个重要标准了，因为所有的这些事情，社会分工已经做得非常好了，以至于在城市里面，如果你还在自己做鞋子穿、自己织毛衣，是一个不太明智的选择（当然，我是比较赞同自己做菜吃）。

在我国的中小学和高等学府，如果一个学生数学成绩比较差，外语又不太好，他就算有其他特长，也会因为成绩不太好而算不上一个优秀的学生。对大学生来讲，最好还要有驾驶证，以及各种各样的资格证书。

未来这些标准会不会也发生变化，甚至会遭到舍弃呢？正如我们现在不会要求一个人自己做鞋子、打毛衣，未来评判一个学生的标准会不会没有成绩，没有 CET，没有雅思和托福呢？甚至会不会做二元二次方程式、有没有学过高等数学都没有关系呢？

未来 5 ~ 10 年，你的算术能力、外语能力，会不会就像几十年前做鞋子的能力一样，变得不重要了呢？

以前父母以为孩子的未来会按照规定路径顺利前进，实际上世界变化加快，普通人的预判能力已经不适应快速发展的社会。

有一天，我们必须面对这样的尴尬：毕业那天，突然失业。

人工智能 AI 深度学习带来了什么

比如人工智能 AI 的发展，让我们无法知道，下一个被取代的职业是什么。精算师，或是娱乐明星（因为已经有虚拟数字明星成功开过演唱会了）？

所以之前的 AlphaGo 相关新闻炒得很热，很多业内的新技术公司都会有这样的疑问：我们到底有没有必要去开发一个 AlphaGo 这样的人工智能呢？

深度学习是 AlphaGo 的最大特征，人类第一次开发出了具有自我学习能力的机器。

马云曾说过这样一段话：这个事情好比我们人类跟机器去比，一定是机器获胜的。在它的存储方式以及计算能力上方面，人类一定是比不过它。阿尔法围棋刚推出的时候很多人有兴趣跟它相比，但是现在没有人愿意了，因为肯定比不上，就像再也没有人和拖拉机比收割，没有马和汽车比速度，没有人和机器比做鞋子一样。

通过深度学习的人工智能，使曾经认为不可能的事又有了机会，比如在视觉识别和自然语言处理上，深度学习可能带来翻天覆地的进展。以字幕为例：原来海外电影都需要字幕，而字幕的制作是体力活，不仅需要好的翻译，还需要输入和制作。未来，通过深度学习的人工智能，随时可以把对话“翻译”出来，呈现在屏幕上。

人工智能在某些领域已经超过人类，但是人类一定有一些不可替代的地方

比如最近在线教育很火爆，很多课程特别是大的公开课都放在网络上（直播、慕课等），但是坐在教室里听课，特别是一对一或者是一对多的小班教育方式仍不可能被机器替代。

正如你在手机里面听了N遍的歌曲，和这个歌手现场演唱会的效果不能相比。

就像开同学会，在微信里你们俩关系再好，在线对话的氛围还是比不上两个人面对面喝杯小酒，谈谈过去，讲讲未来。

毕竟人与人的面对面交流是没有办法完全通过互联网替代和呈现的。

什么样的力量才能让孩子成为未来最具竞争力的精英

1993年，麦肯锡公司的员工中有67%是MBA，而到了2003年，比例下降到41%。现在又过了十几年，这个比例还在持续下降。

取而代之的是一群MFA（艺术硕士），因为他们意识到，说服别人光凭逻辑是不够的，还需要有更艺术的呈现方法（出现的方式决定成败，出现的内容决定价值）。

因为情感决定决策，美就是一种生产力。比如，早前中国人去美国留学大

部分选商科，近几年来艺术类学生持续增长。

这样的趋势，甚至影响了谷歌公司的招聘方向。当然，谷歌公司还是要找聪明的人，可是他们的目的不是找“对某一样专精，对其他不懂”的专业性很强的专家，相反的，他们更希望人才除了技术能力强，还具有“通才”的特质，对于其他各项技术与领域，也同时抱有强烈的好奇心，可以毫无障碍地平行移动到下一个风口。这个征才取向，对于“什么事都有兴趣，都去学习”“十学九不成”“样样通样样松”的人来说，未来更是充满希望。

创业导师李开复说：“未来十年，翻译、记者、助理、保安、司机、销售、客服、会计、交易员、保姆，这些职业中 90% 的从业者会被机器人取代。”甚至现在热门的职业软件工程师，也会被机器的模块化编程取代。

技术的迭代，让大学书本里的很多知识变得一文不值，如果只学那些知识可能连工作都很难找到。

计算机曾经是一门学科，一项技能，一个岗位，而现在是日常生活。比如：70 岁的大伯大妈都知道上淘宝买便宜货，用微信语音和视频与外地儿孙对话不要钱；小学生都能熟练地打字，写写网络文学；有几亿人在春节期间用手机抢红包；最多的新闻和消息来源于微信朋友圈……

驾驶汽车曾经是一个岗位，现在是一种能力，未来只是一种机器的功能。外语翻译曾经是一个岗位，一个职业，现在是一种能力，未来只是机器的一个功能。若干年后，机器语言的翻译能力会取代同声传译和速记，人脸识别会取代保安，机器写作会让记者另谋职业。

人类社会已经步入“右脑时代”

美国作家丹尼尔·平克写的《全新思维》中，认为人类社会已经步入“右脑时代”。在知识力减弱的趋势下，未来精英是拥有与众不同思维的人。这些新精英阶层的共性，是从线性思维跳到创造性思维，可以描绘为 6 大能力模型：设计感、娱乐感、意义感、故事感、交响力、共情力。

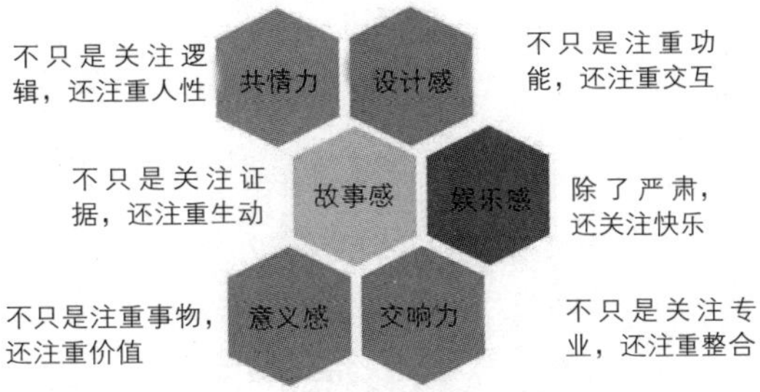

回到女儿的问题，我是这样回答的：在冷兵器时代，一个花了 20 年练就了“金钟罩,铁布衫”功夫的人，就是一个行走江湖的高手；但如果他恰好遇到了火器时代，那么一把 200 元的手枪就能要了他的命。

我们的孩子现在拼命学习并互相攀比的“学习成绩”，有没有可能在不久的将来成为过去和历史的标准?

我们更加应该思考，不远的将来，什么才是重要的能力：到底是“学习成绩（功夫）”还是“利用工具的能力（会用一把手枪）”？

所以，不要沉迷于练“金钟罩，铁布衫”，应该保持好奇心和学习新事物的能力。

“春江水暖鸭先知”，其实“未来”已来！

第八节　万老师：跨界，想做最懂互联网的幽默老师

罗振宇讲过一个专题，主题分别是人生的“大高潮”和“小高潮”，大致意思是，其实一个人一辈子也到不了几个人生的巅峰，即没有几个“大高潮”，但是如果你能够将人生的无数个小高潮，甚至每天生活中的正面反馈都和你的大目标结合起来，那你就是一个有使命感的人，那你会一直在为某个伟大的时刻做准备，在任何环境下都成为一个独特的人。

这些内容和乔布斯保持好奇心，不断学习和实践，令各种“点”自然连成“线”，最终成就独特的自己是一个道理。

我的互联网经历

我在本科和硕士研究生期间学习的是化学专业，课程包括有机化学、无机化学、环境、分析、结构、纺织材料、印染技术、表面处理等。参加工作后，这些内容都没有太帮得上忙，唯一有用的是求职时拥有的硕士研究生学历。

毕业后我从事化工产品贸易，在工作中接触了大量的原料企业、加工企业以及运输行业、金融行业的人，对于市场、产品、价格、推广、营销都有了全新的认识和实践。

第一次接触互联网是工作后不久，当时我在一家精细化工企业做技术主管，负责外贸。我第一次申请电子邮箱，开始用电子邮箱和 ICQ（腾讯的 QQ 最早叫 OICQ）、Skype 与外国客户沟通。那时大家刚刚开始接触互联网，用的

是调制解调器（Modem，俗称“猫”），最快的网速是33.6K。上网需要拨号，号码是163，所以当时有个著名的网站叫www.163.com，因为一讲到163，大家就想到上网。

我学习的专业是化学，从事的是化学贸易，工具是通过互联网，在当时我通过互联网销售化工产品，认识了外国朋友，并找到了新的工作方向。

之后我通过互联网工具自学（事实上，那时候也没有相关的教科书），从cgi的编程到网页的设计、域名的申请到服务器的调试，甚至遭到攻击以后的恢复和资料的备份，最终实现了通过互联网盈利（当时的盈利模式很简单，还没有网购电商概念，基本是依靠流量帮助网络广告公司发布广告，比如现在还有的Google AdSense和百度联盟）。

教师职业给我带来了什么

2010年我成为一名教师，并开始尝试写作，正好也顺应了内容营销的互联网大方向。教师这个职业有很多天然优势：

教师是天然的内容产生者。教师的内容生产和发布的方式成本低，投入近乎为零，因为教师的工作就是在不断地生产内容，比如教材和教案就是文字，讲课过程录制下来就是音频和视频，现场的学员就是最好的基础传播用户，这些方法都会帮你获得大量的用户（当然，前提是你的内容确实是优秀的，对用户有吸引力的，某些独特的内容甚至对少量用户是急需和紧缺的）。

教师是天然的内容发布者。目前互联网的发布渠道众多，推广的成本近乎为零。你完全可以对自己研究的领域发表独特见解，开展全网内容发布，比如在微信、微博、简书、知乎、头条等平台发布文字内容，在喜马拉雅FM、荔枝、蜻蜓FM等音频系统发布音频内容，通过优酷、土豆、腾讯视频等平台发布视频内容。这些平台天然的流量都是教师可以获取的“头部用户”。而且教师的业余时间相对宽裕，完全可以想办法用“时间换收入”。

教师也可以是创富人群。2017 年是我国知识付费的元年，大量的知识付费平台纷纷涌现，我们可以通过一定的变现工具，如微信群的微课、语音平台的微课和收费频道获利，并且现在电子支付的手段先进，收钱也变得非常容易。

出版图书也是一个非常好的变现渠道，包括电子图书。

当然作为教师非常看重专业职称，不过以上的这些实践和应用，对于你按照传统路径发展，也是有极大帮助的。教师走出象牙塔，为社会服务，为群众服务，这个过程也能提高自身的学术能力、实践能力和应用能力，并不会影响对你的能力和成绩的主流评价和判断，更何况还有相当的待遇和社会地位的认可，“教学用相长”！

咨询业务需要综合能力

我体会到，大量内容的生产和发布（缺一不可，不出现 = 不存在的道理），让我有机会更多地接触到来自社会各界的企业和个人。在大量的授课和企业咨询过程中，过去所学居然一一派上了用场：比如销售行业，我对市场、用户、产品、推广有点经验；服装行业，纺织印染、纺织材料和美工设计，我懂得不少；至于微商销售的热门化妆品行业，更是我的专业……

我深刻感受到，在大学所有的学习过程以及掌握寻求知识的方法，可以一直延续到对互联网应用的探究，甚至在大学时培养的书法爱好，也为我的职业增加了不少色彩。我经常给我的学生设计艺术签名。希望以后有机会也能为你在本书的扉页上写上一段祝福语。

万老师的目标

这个时代我们的成长方式有更多选择了。

比如，想做将军的厨师可能是个好老师，这样的理念或许是正确的。

我希望成为互联网行业里最会讲课的老师，讲师行业里最懂互联网的老师。当然得加上我的幽默元素（很多朋友听了我的课，评价说像知识脱口秀）。

我们应该清醒地认识到，没有几个人能真正成为大咖、大明星。如果你不想做小人物，也做不了大明星，那能不能做到活得精彩？

其实做一个**微名人**也挺实在！

什么叫微名人？就是你能在网上募集几千或上万个粉丝，其中找到 500 ~ 1000 个铁杆粉丝。这些铁杆粉丝能够帮你做什么？他们能够在一年时间内通过直接或者间接的方式贡献给你 500 ~ 1000 元。

结果呢？找到 1000 名这样的粉丝，你的年收入大概就有 50 万 ~ 100 万元。

提出这个观点的是凯文·凯利，他的文章对我影响至深至远，推荐大家扫码阅读。

我认为“微名人”这个概念非常适合既不想过“大明星”那种毫无个人隐私的生活，也不甘于过默默无闻地过日子的广大读者，以追求合适的人生性价比。

跨界的效果就是那么妙！让我们一起跨界吧。

凯文·凯利：与 1000 个铁杆粉丝建立直接联系

第12章

简单的黑科技，你学了也能用

当前的电脑软件配合手机 App 等移动端工具，帮助我将日子过成我想要的样子。

我把正在使用的一些工具分享给大家，有些堪称“黑科技”，简单地学习，你也能用上！

输入法：比敲键盘和手写更快的输入法是什么？

二维码：一分钟把你的联系方式传到对方通讯录！

印象笔记：一键“盗用”好文章！

云工具：放在办公室、书房的电脑以及随身携带的笔记本电脑，这三台电脑如何同时编辑一个文档？

云搜索：希望得到的资料，如电影、音乐和文章，3 分钟就能下载获得！

大数据：“民用大数据”工具，至少你不用拍脑袋了！

第一节　语音输入法：动嘴不动手，告别键盘与翻译

文字输入是大家工作中非常重要的部分，推荐两个输入工具：讯飞输入法、语音输入板。

讯飞输入法

功能简述：通过语音提高输入速度，识别率奇高，自动加标点，适合提炼整理笔记、文学创作等。

适用平台：Windows、Mac OS、iOS、Android。

“讯飞”作为输入法中的后起之秀，在深度上下了功夫。

（1）智能语音识别。讯飞输入法最为人所知的是强大的语音识别功能，准确率高达 97%。对于常用语音输入的老用户来说，准确率由于系统迭代和使用习惯，甚至会更高。它能自动过滤嘈杂背景，语音识别依旧可以保证高准确率。可以识别大段语音，并且能够自动断句，加上标点符号。

讯飞输入法支持离线语音，无须耗费流量即可识别。

建议大家注册登录以后，**直接导入通讯录词库**，这样只要读到通讯录中的姓名，系统就会自动识别并输出文字。而且登录以后使用，系统还会逐渐学习你的发音方式，不断提高识别度。

（2）方言识别和随身译。除了识别普通话，还可以识别方言：如四川话、闽南话、客家话等，讯飞输入法均可识别。

讯飞输入法具备随声翻译功能，不仅能中英互译（说中文，屏幕上出现英文；或者说英文，屏幕上出现中文）还能实现说中文输出日韩文字，满足用户在不同场景下的输入需求。

（3）手写叠写。遇到特别难读的词语，讯飞输入法手写功能可在键盘上免切换连写叠写。如果认为手写笔迹太单调，还有毛笔、荧光、多彩三种笔刷可供选择，并且可以设置画笔的粗细和大小。

（4）电脑端语音与键盘无缝切换输入。讯飞输入法大部分是在手机端使用,其次在电脑端使用,可以实现键盘输入的“搜狗输入法”+语音输入的“讯飞输入法”的无缝衔接。

具体方法为：在电脑上安装“讯飞输入法”以后，点击打开输入条上的小喇叭，出现“点击说话”的大喇叭标志。切换到自己喜欢的键盘输入法，比如键盘输入喜欢使用搜狗输入法，那么在这个状态下，通过麦克风说话，系统自动通过讯飞语音转化成文字，如果你不说话，直接用键盘输入也同样有效。

优点在于，两种输入法之间无须切换。如果你思路清晰，表达通畅，可直接用语音输入；如果需要反复斟酌、来回修改，那就用键盘输入。这个方法极大地提高了输入速度和工作效率。

关于键盘和语音的无缝衔接方法，大家可以扫码阅读相关文章。

讯飞电脑版语音输入：在电脑上输入文字，再也不用手指，懒到家了

语音输入板

功能简述：适合大段文字的输入，允许长时间等待，可以边思考边讲述。

适用平台：Mac OS、iOS。

短句和对话输入，我一般采用“讯飞输入法”；而大段的文字输入甚至是创作，我常用的一款长文输入工具是“语音输入板”（目前只支持苹果手机）。

这款软件能适应长时间语音输入转化文字，满足创作需要，比如写论文、小说、散文等篇幅较长的文字。其基本功能特点有：

（1）能够实现实时智能语音输入，语音输入时间较长，输入时允许相对较长时间的停顿思考。

（2）能够根据上下文智能选择词语，并调整标点。

当然，其精准的中文识别能力，让输入的文字无需大量的修改。

语音输入板

语音输入板与讯飞输入法的不同之处

（1）等待时间。讯飞输入法是一段语音后转化出文字；而语音输入板是同步出现转换文字，“打”字速度与语速同步，更加直观。

（2）停顿容忍度。语音输入的速度与思考过程有关，输入时难免出现停顿；

而语音输入板容忍度更佳，普通的停顿、犹豫都能够识别并忽略，所以只要持续讲述，屏幕上就会出现整段的文字。

（3）一键分享。除了直接复制、粘贴到目标文档以外，还能一键分享至各热门社交平台。比如，需要发朋友圈或微博，可将一段语音识别成文字以后，一键就能发布到微信、微博等社交网站上了。

（4）同步云笔记。能直接同步到印象笔记、有道笔记。然后进行分类、切割、整理，再拷贝到写书软件 Scrivener 里面。

当然，这个语音面板还允许你直接通过手机键盘进行修改，“混合双打”很高级。

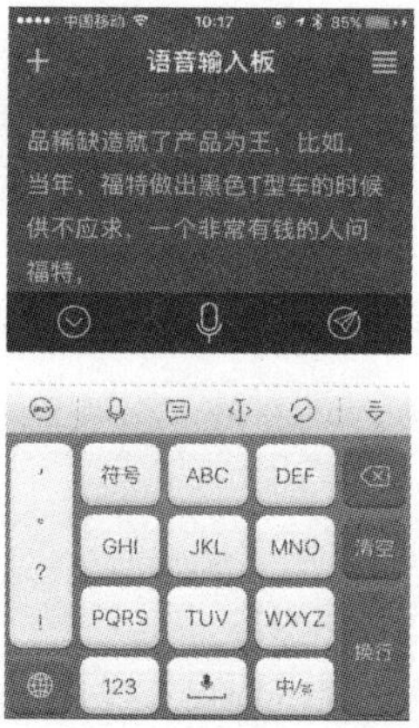

语音输入的同时，也可以用键盘直接修改

万老师经验

写短文用讯飞输入法：在微信的一句话长度的对话框场景下，用“讯飞语音输入”直接令语音变文字发过去。

长文用语音输入板：在长时间写作、大段内容创作时，选择用“语音输入板”，形成上千字的内容后再进入创作流程。

第二节　二维码：电子名片与网址导流，三秒钟传递信息

一分钟制作你的二维码名片

普通名片的麻烦在于对方收到你的名片，必须一一输入通讯录，尽管有名片识别软件，但常有错误，用户需要一一校对。更常见的情况是，用户收到一张名片，却懒得导入手机通讯录。

但是，如果你拥有一张带有二维码的名片，只要扫一扫，这个名片将直接保存到通讯录，这样对方“收录”你的名片的概率就大大提升了。这个对开展业务是有巨大帮助的。

其实二维码名片的制作十分简单，一共分两步：

第一步，打开联图网 www.liantu.com（能做二维码的网站和软件很多，这个站点比较简洁，上手快）。在网站右侧名片制作的标签下，填入你的通讯录资料。

第二步，保存页面右侧自动产生的二维码图片。

你可以把这个二维码图片印刷到名片、宣传页等印刷品上，或者直接保存在手机里面，直接扫码传递名片。

一品一文一码：快速传播你的内容

现在有大量的内容，比如企业介绍、产品说明、展示视频，或者某一篇文章都是以在线方式存在的。一般情况下，在线内容可以通过发布链接传播。不过在线内容在线下传播就遇到了问题，用户即便看到这个链接，输入到手机端的浏览器也比较麻烦，用户更愿意通过扫码直接跳转到相关页面。

按照以下的方法，只要三步，就能把一个在线内容链接转化成一个二维码。

第一步，获取该电子稿的链接。

把这篇电子文章在浏览器中打开，然后拷贝这个链接，就是该文章的URL。

第二步，为这个网址（链接）定制一个二维码。

打开联图网（www.liantu.com），在网站右侧网址制作的“输入网址”的空格内，粘贴刚刚复制的链接，并保存页面右侧自动产生的二维码图片。

这个二维码图片可以放在不同的应用场景中，可以印刷在产品简单的宣传页上，可以在视频直播的时候插播，让感兴趣的客户现场扫码深度阅读。

网址定制二维码更简单的方法是，通过浏览器的二维码插件，瞬间产生一个二维码。比如在 Chrome 浏览器中，加装一个二维码插件，就能对任何网址一键生成二维码。

浏览器插件，一键生成二维码

按照此设计，每个产品都必须对应一篇在线的深度文，每一篇文章都应该对应一个二维码，这个过程称为“一品一文”。

第三步，这个二维码图片和对应的产品同时出现。

比如一道菜、一项服务、一门课程简介的旁边，可以粘贴该产品对应的二维码，关键是二维码必须和产品同时出现。

而“实物产品 + 深度介绍文章 + 二维码导流”的过程，万老师称为“**一品一文一码**”，特指一个产品，背后有一篇介绍文章，对应一个二维码，**可以极大地方便产品的精准用户深度阅读**。

以上介绍的两个二维码应用，都能实现快速传递内容的效果。

其实二维码的应用，粗略算来有 20 种场景和对应工具，大家可以关注微信公众号“非常网赢”发送“222”获取全套的二维码教程。

第三节　云笔记：印象笔记，让你一键“盗用”任何文章

印象笔记适用平台：Windows、Mac OS、iOS、Android。你可以把想要保存的信息都保存到印象笔记里。

功能简述：全平台最棒的知识管理工具！

一键“盗用”好文章：可剪、可贴、可修改

我们从各种 App 中看到的文章，通常只能保存到 App 自带的“收藏”功能里面，这些文章只能阅读，不能直接编辑。不过有了印象笔记，在微信上可以保存任何好的文章：微信关注“我的印象笔记”公众号，并按照提示，绑定你的印象笔记账号，就可以轻松保存文章到你的印象笔记。（点击右上角的“…”，点击“我的印象笔记”按钮，将你喜欢的文章直接保存到印象笔记云端账号里面。）

（1）微信文章：一键保存到印象笔记。

在电脑端或者手机端打开印象笔记以后，可以看到这篇文章，除了集中管理文档以外，还能够对这些文章进行编辑，如剪切、拷贝、移动、合并，极大地方便了文字工作者。

在微博上，只需关注“我的印象笔记”并绑定你的印象笔记账号，在转发或评论中“@ 我的印象笔记”或发送私信，即可永久保存微博内容到你的印象笔记。

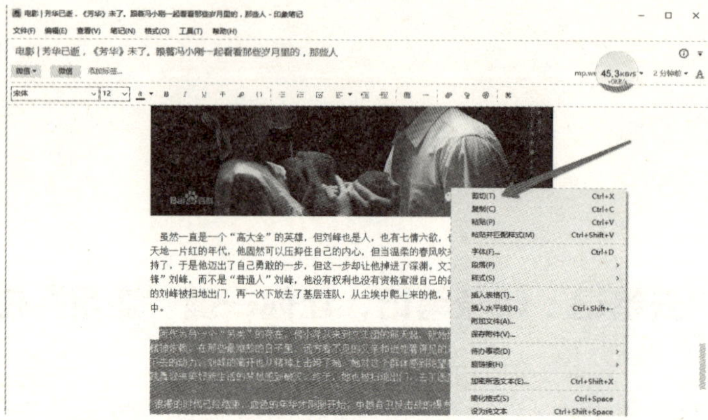

在“得到”等 App 上，你也可以轻松找到分享到印象笔记的图标，这个过程也相当于把文章保存到了印象笔记中。

（2）保存浏览器页面的文章。

浏览器里面的任何文章，只要点击印象笔记的浏览器插件“印象笔记剪藏”，也能一键保存到你的印象笔记账号。

这种保存方式，能满足大部分人的需求。

这个过程，实际上完成了来自手机端和电脑端的文章集中保存，接下来就可以统一进行分类管理、编辑和创作了。

（3）保存各种来源的图片、音频、视频、文档。主要有以下两种方式：

第一种：用手机打开印象笔记，新建一条笔记，直接点击“拍照”或“录音”，或者点击“附件”添加手机里保存好的图片、音频、视频或文档（如果是高级账户，一条笔记最大容量是 200MB）。

第二种：用电脑打开印象笔记，新建一条笔记，把电脑上看到的图片、音频或文档直接拖进笔记中。

（4）随时创建各种格式的笔记。

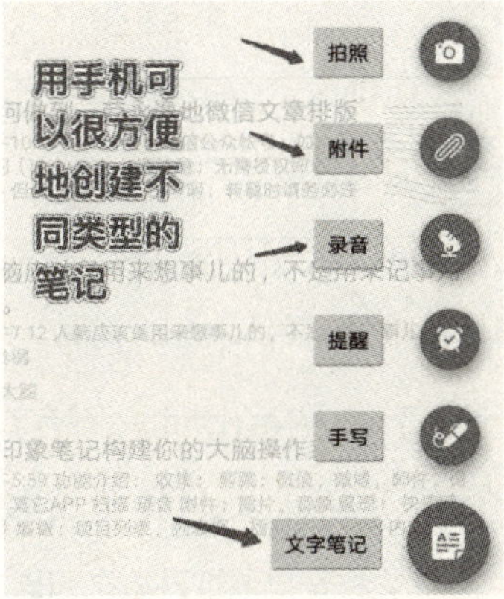

无纸化办公已经成为一种趋势，有了印象笔记的帮助，不论是文档、发票、说明书还是名片，都可以清晰地保存起来，并随时在其他电脑、手机上查看、编辑和分享它们。

印象笔记移动版集成了智能摄像头功能，打开其 App 的拍照功能，对准需要扫描的文档，它就能够根据不同的内容做出相应的处理，比如拍摄名片，就能自动识别名片内容并保存联系人的信息到通讯录。

第四节 云搜索：一分钟找到各种资料

目前大众常用的找资料的方法，是通过搜索引擎，用关键词的方法搜索文档，但效果往往不佳。

其实大量内容都以电子形式存在于网络上，而云盘是目前资料储量非常丰富的地方，而百度云是目前中文最大的云盘资料库之一。

不过，“不出现 = 不存在”，只要掌握了查询方法，就能让这些资料“出现”在我们面前！而且免费的居多！

因为安全和版权的问题，目前大部分云网站不直接提供站内搜索，所以只要通过第三方的搜索工具进行云盘资料搜索，就可以直接查找云盘资料。

推荐如下：

◤ 云盘第三方搜索网站推荐

Panc.cc– 胖次网盘搜索（http://www.panc.cc），资源多

盘多多（http://www.panduoduo.net），资源最丰富

去转盘网（http://www.quzhuanpan.com），资源最丰富

西林街（http://www.xilinjie.com），能搜索到学术文章，海外的也可以查到

盘搜搜（http://www.pansoso.com ），不仅有百度云盘，还有针对新浪微盘的搜索端口

云盘资料搜索方法

（1）打开上面的其中一个网站，选择关键词进行搜索。对于搜索的结果，点击查看并直接保存到自己的网盘，接着就分享或者下载到本地即可。

（2）订阅其他人的分享——“偷取”别人的成果。在你遇到比较好的资源的时候，要尝试追溯到源头，有一些人已经收集了很多，根据这个资源，找到分享人，关注 TA。

（3）及时整理自有资源。定期对资源进行分类整理，方便自己查找；找资源不是最重要的，重要的是合理利用资源。

更多的云盘介绍和云盘搜索技巧，大家可以扫码阅读相关专题文章。

快速查找百度云盘资料和电影

第五节　云备份和云同步：告别 U 盘，随时备份

云盘是互联网传输技术和存储技术的最实用的应用之一，给工作和学习带来了极大的便利。常用云盘的三个功能为云备份、云同步、云分享。

备份云盘

云备份，就是把个人数据，比如工作文档、通讯录、短信、图片等资料通过云存储的方式备份在网络上，避免数据丢失，并能随时分享、转发，也是一种移动办公方式。主要推荐的备份云盘为百度云（http://yun.baidu.com）、360 安全云盘（https://yunpan.360.cn/）、微盘（http://vdisk.weibo.com）。

同步云盘

云同步能实现以个人为中心的不同设备之间的数据共享，比如用办公室电脑做的文档，通过云同步，到家里用电脑打开就自动下载到对应目录，避免 U 盘反复拷贝、版本混乱的情况。

坚果云是值得推件的一款网盘产品，其强大的自动同步功能，随时为用户将文件更新备份到客户端和云端，而无需手动操作，创造便捷、“无感”的用户体验。

云分享与协同工作

云分享，就是分享云盘上文件的链接，让分享方可以直接下载获取，省去了大文件反复传输的麻烦。

不管是云备份盘还是云共享盘，云盘上面的文件或文件夹都可以随时产生链接，即时分享给你的好友，实现快速一对多的扩散效应，特别适合一个文档在网络上广为分发；对于团队协作，也可以在一定权限下（如只下载、可编辑等）分享给伙伴们。

当然，不仅有云备份和云同步，基本的云盘功能还有很多，比如：

文件存储：文件上传下载，安全传输，便捷管理云端文件。

自动备份：本地文件有变化时自动上传，一键备份到桌面，还支持手机相册和通讯录的即时备份。相比较于把照片备份到苹果 iCloud 中的价格，百度和坚果云就实惠多了。

多端同步：文件自动上传下载，实现多台电脑、手机和电脑之间的文件同步。

历史文件：付费用户，可以保留历史文件。

文件共享：团队成员之间可共享文件，协同办公。

权限管理：共享文件夹可以指定成员权限。

成员管理：团队管理员可创建团队，随时增减团队成员。

搜索：支持搜索“我的空间”，查找文件方便快捷。

分享：可生成链接分享“我的空间”的文件。

第六节　手机 OCR：扫一扫，纸质资料也能再编辑

面对学习和工作中接触到的大量纸质资料，我们常常“望文兴叹”。那么，如何快速把印刷体“变现”成为可编辑的文档呢？这里就涉及一个专业术语——OCR（Optical Character Recognition）技术即光学字符识别。现在的手机镜头的拍摄水平，堪比过去的专业扫描仪，所以手机 OCR 也就完全实现了：就是手机将文档拍照保留为图片，并且识别出图片上面的文字这个过程。

推荐两款软件，小嘿扫描（仅限苹果系统）和扫描全能王。

小嘿扫描

功能简述：一款全新设计的通过手机提取图片或者照片中文字的 OCR 软件。适用于转纸质文档，实体书读书笔记，拍照记录信息等场景。

应用平台：iSO。

官方主要特色功能：

（1）高精度文字识别技术。使用云端 OCR 引擎，识别效果卓越。

（2）“先拍照，再对焦”。拍完再自由选择查看整篇内容或者单独一个段落。

（3）识别结果自动分段，尽可能还原原文排版。

（4）支持 OCR 快捷校对，可以在不离开编辑区域的情况下方便与原文对照修改，弥补 OCR 的不完美之处。

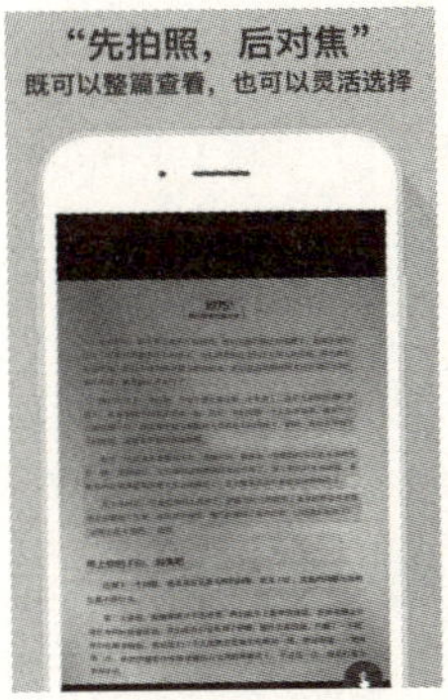

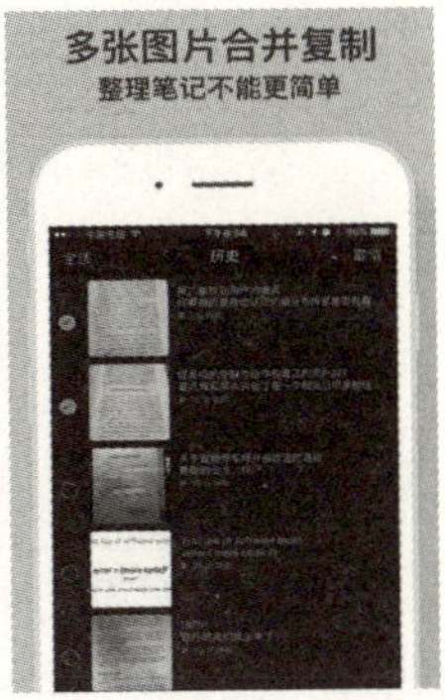

（5）识别结果可编辑且自动保存为历史记录，方便后续快捷访问。

（6）支持多张图片识别结果合并。可按时间早晚顺序合并，且合并过程中还可以对多张原图同时进行校对。

（7）智能预览。可以将识别结果中的电话、地址、网址、时间甚至快递单号等元素自动标出，并可快捷操作。

扫描全能王

功能简述：提供文档扫描、存储、管理、分享、交流、协作、同步的一体化解决方案。扫描全能王 App 将手机变成随身携带的扫描仪、传真机、PDF 转换器、Text 文本提取工具和文档共享协作平台。

应用平台：安卓、iOS、Windows。

主要特色功能：扫描全能王使用 OCR 功能，可以将图片上的文字识别、提取成 Text 文本文档。保存或分享后，即可打开进行编辑。所有纸质文档，经过扫描和 OCR 就变成了可编辑的 Text 电子文件。

PDF 生成器：扫描并保存的书籍、材料、PPT、传单、图纸，都可以用 PDF 格式分享。扫描全能王有 10 多种符合行业标准的 PDF 大小供选择，可在没有电子版源文件，又对 PDF 格式有需求的情形下使用。不论书籍、传单、发票、图纸还是白板字，所有非电子档的文件想要保存，都可以随时扫描下来，并能自动切掉多余边框，增强文档内容，清晰保存。

无线打印、传真机：打开手机，将重要文件、身份证件扫描后保存到手机，就可随时无线打印出来，或向 30 多个国家和地区发送传真，轻松应对旅行、出差途中紧急需要文件传输的意外情况。

文档共享协作平台：随手扫描的任何文档，都可邀请朋友、同事为协作人，共同查看、评论文档。扫描全能王还可将文档以邮件、链接等方式分享，或发布到微博、微信等社交平台。

文档管理工具：查看文档图片时，可以使用“妙笔”在上面圈点、写批注。存有大量文档时，通过搜索功能可以快速找到文档。通过管理标签可以将文档分类。设置文档访问密码，可以对私密的文档进行保护。

文档同步服务：当你有重要文档害怕丢失时，可以注册账户，将文档同步到扫描全能王云端。如果你有手机、平板等多台电子设备，还可以通过同步，实现文档在不同设备上的瞬间拷贝和传输。

微信小程序：图片文字识别

功能简述：提供文档扫描识别。

应用平台：微信。

主要特色功能：用法很简单，打开“微信—发现—小程序”，搜索“图片文字识别”，就可以直接使用。好处是不需要安装软件，而且全部免费。

第七节 脑部思维图：留住创意，管理思想

首先，一个人能够意识到自己的思维需要管理，并且能够分类分层管理自己的想法、创意，本身就是一个比较大的进步。

其次，采用一些工具和方法来管理自己的思想和创意，又是一个进步。

关于这两个思维问题，推荐的是脑部思维图。

本地脑部思维图：MindManager

功能简述：专业项目管理软件，能很好地提高项目组成员之间的协作性，提高效率，激发创新。

适用平台：Windows、Mac OS。

MindManager 是脑部思维图软件或者叫思维导图的软件，由美国 Mindjet 公司开发。它有着直观、友好的用户界面和丰富的功能，能够帮助用户在电脑端进行整体思路的设计和不断改进。

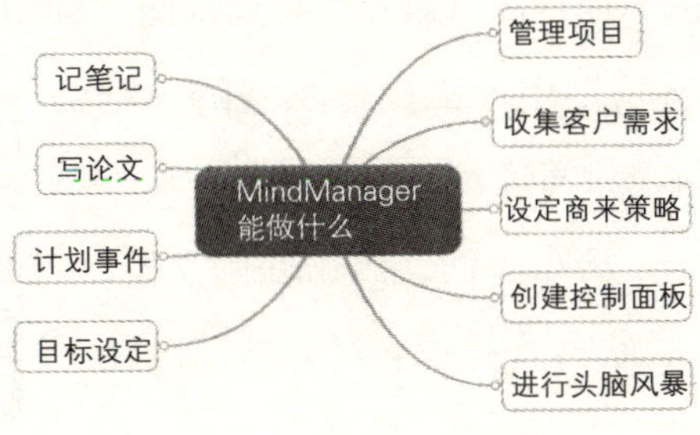

MindManager 应用场景很多，涵盖了一个商业人士的基本活动。

比如在大多数会议上，采用传统的一维头脑风暴，只能实现部分目标：最多会把每个人的想法写在白板上，会议结束后几乎忘记了一半。因为没有把想法和创意有组织地记录下来，更谈不上随后的整理、归纳和延伸拓展。

采用 MindManager 思维导图软件后，可以将最好的想法放进同一文件包，不断更新，方便查阅并保持新鲜。随着项目的展开，经过多次的团队沟通和想法碰撞，可以不断扩大、加深创意。

当然也有很多朋友喜欢用 Xmind 作为脑图的软件，这个软件也不错，选择哪个是个人偏好。

云端思维图：幕布

有时候需要对一个问题进行长时间的思考和记录，则可以选用一个能够在手机端使用的脑部思维图软件——幕布。

功能简述：解决高效率人士在职场或者生活中的效率问题，提炼整理笔记，梳理思维，独立创作以及任务管理等。

适用平台：Windows、Mac OS、iOS、Android。

这款软件提供的免费功能完全能满足一般用途，如果要用高级版，注册费用只要一百多元。

优点可以简单归纳为：提纲式笔记 + 自动生成脑部思维图，云存储，自动同步，并且支持手机 App+PC 端软件 + 浏览器三种模式，分别支持微软与苹果系统。就是说，不管你用什么操作系统的电脑和手机，都能够直接编辑和管理幕布的文档。

分享文档十分方便：幕布里面，点击任何文档，分享 、产生链接或者二维码，发送给对方就可以获取了。

幕布免费注册码

幕布读书笔记：
正面管教

幕布读书笔记：高效人士的七个习惯

完美解决：幕布导入 MindManager 的文档 mmap

第八节　万老师：常用的两个大数据工具

合理利用大数据工具，不仅可以让我们“知未明，观未见”，更重要的是，在一些商业决策、行业判断的时候，还能帮大忙。

推荐两个大数据工具：百度搜索风云榜和百度指数。

百度搜索风云榜

百度搜索风云榜（http://top.baidu.com/）以数亿网民的单日搜索行为作为数据基础，以关键词为统计对象建立权威、全面的各类关键词排行榜，以榜单形式向用户呈现基于百度海量搜索数据的排行信息，线上覆盖十余个行业类别，一百多个榜单，发现和挖掘互联网最有价值的信息、资讯，直接、客观地反映网民的兴趣和需求，盘点我国最新最热的人、事、物信息，为最具代表性的“网络风向标”。

百度热门搜索排行榜能让你看到啥

更详细的使用方法，请扫码观看在线教程。

百度指数

百度指数（Baidu Index，https://index.baidu.com/）是以百度海量网民行为数据为基础的数据分享平台，是当前互联网乃至整个数据时代最重要的统计分析平台之一。

“世界很复杂，百度更懂你”，百度指数能够告诉用户某个关键词在百度的搜索规模有多大，一段时间内的涨跌态势以及相关的新闻舆论变化，关注这些词的网民是什么样的，分布在哪里，同时还搜了哪些相关的词，帮助用户优化数字营销活动方案。

百度指数的理想是“让每个人都成为数据科学家”。

对个人而言，大到置业时机、报考学校、入职企业发展趋势，小到约会地点、旅游目的地选择，百度指数都可以助其实现“智赢人生”。

对于企业而言，竞品追踪、受众分析、传播效果，均以科学图标全景呈现，“智胜市场”变得轻松简单。

你可以选择感兴趣的几个目标进行比对，比如你可以比比阿迪达斯、耐克、李宁的不同点。更详细的使用方法，请扫码观看在线教程。

学会用百度指数：分析需求规律，获取商业先机

俗话说：“工欲善其事必先利其器。”以上介绍的一些软件和工具，给大家做参考。大家发现有更好的产品，请及时告诉我，我的多渠道联系方式详见本书的“欢迎与万老师交流”。

欢迎与万老师交流

感谢大家的关注，欢迎通过以下方式与我交流：

与我联系

扫码加万老师个人微信

· 万老师个人微信号
· QQ：1405453062

· 邮箱：1405453062@qq.com
· 新浪微博：http://weibo.com/verynetwin
扫码留言或在新浪微博中查找“万建峰”就能找到我。我在新浪微博上为大家准备了留言区，欢迎大家给我建议和想法，持续交流。

新浪微博

· Facebook：wan jianfeng
· Twitter：verynetwin

二维码名片

· 扫码创建新联系人：直接保存到手机通讯录（含备用微信号）

如果你需要面对面聊聊，请通过微信和微博与我预约时间和地点，我的常住地是浙江杭州。

阅读深度文章和工具介绍

微信公众号：非常网赢

· 微信公众号：非常网赢（或添加好友 verynetwin-com）

· 简书：http://www.jianshu.com/u/18986282008b
可以把你发在简书的文章“投稿”到“童鞋来稿”栏目 http://www.jianshu.com/c/64cd3b437a49

· 新浪博客：http://blog.sina.com.cn/verynetwin

万老师经典课程 PPT：
互联网思维与创新定位

在线音频

喜马拉雅FM：http://m.ximalaya.com/zhubo/8948225/

荔枝：https://www.lizhi.fm/1478297/

蜻蜓FM： http://share.qingting.fm/vchannels/211848

在线音频中不仅有搞笑内容和经典段子，还有一个关于互联网思维的栏目《互联网思维与创新转型——万建峰老师18周连载》。建议大家根据自己的喜好，在上面三个链接中选择一个收听。

直播与回放视频

读者可以通过映客直播观看我在中国跨境电商试验园的课程——互联网思维与传统制造企业转型与创新定位。课程是高清版，值得一看。

（腾讯视频，上午课程）

（腾讯视频，下午课程）

◤ 短视频

快手号：819901408

抖音号：574810583

随时关注我的各种活动现场！

后 记

本书的内容，大多来自我的课堂系列演讲，通过录音转成文字再编辑，适合各位读者茶余饭后阅读。内容上，比小说多了点知识，比互联网专业图书又多了点娱乐性和可读性。

本书的创作过程，融入了大量的互联网思维方式：不把大量的案例文本编排出来，而采用二维码导流的方式延伸到手机，供读者进行深度阅读。其目的是不干扰读者的阅读流程，强调简约和专注。书中不仅提供文字和图片，还提供了音频，对于阅读疲倦和偏好其他非阅读场景的读者，可以随时收听，获得多种场景的体验。在思想突破的同时，书中还提供了部分工具和方法。这些工具和方法的使用不需要专业能力，普通读者也能应用，强调低门槛、优效果。

本书写作过程中，我用到了大量的软件，比如录音软件、音频处理软件、思想管理的思维导图软件 MindManger、语音输入软件，还有专业书籍创作软件 Scrivener，有机会我也来和大家一一分享。

唯一的遗憾是，暂时还没有找到一种方法可以实现在写作过程中直接和读者沟通，让网友参与到我的写作中来，甚至向我提供创作内容。如果你有这样的工具和方法，请及时告诉我，我希望在下一本书的写作中，采用这样的在线互动写作方式。

感谢所有帮助我的家人、朋友和网友们，更要感谢你——读者，把最宝贵的时间和注意力给了我！

万建峰